中华优秀传统文化青少年通识读本

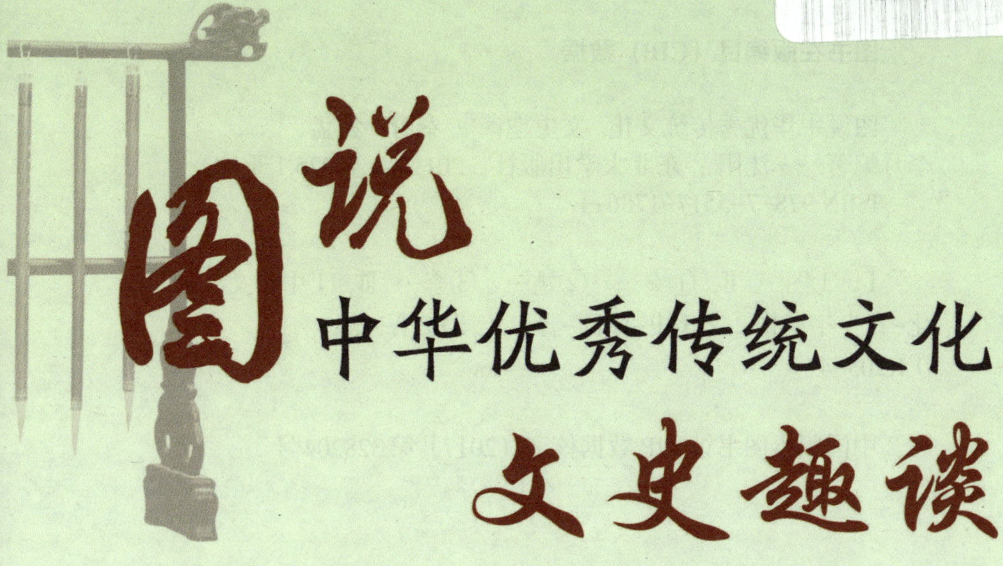

图说中华优秀传统文化
文史趣谈

秦野　姚孟　李月　编著

东北大学出版社
·沈　阳·

图书在版编目（CIP）数据

图说中华优秀传统文化. 文史趣谈 / 秦野，姚孟，李月编著. — 沈阳 ：东北大学出版社，2017.12（2025.1 重印）
ISBN 978-7-5517-1786-1

Ⅰ. ①图… Ⅱ. ①秦… ②姚… ③李… Ⅲ. ①中华文化-青少年读物②文化史-中国-青少年读物 Ⅳ. ①K203-49

中国版本图书馆 CIP 数据核字（2017）第328204号

出 版 者：东北大学出版社
地址：沈阳市和平区文化路三号巷 11 号
邮编：110819
电话：024-83687331（市场部） 83680267（社务部）
传真：024-83680180（市场部） 83687332（社务部）
网址：http：//www.neupress.com
E-mail：neuph@neupress.com
印 刷 者：三河市万龙印装有限公司
发 行 者：东北大学出版社
幅面尺寸：170mm×240mm
印 张：10.5
字 数：154 千字
出版时间：2017 年 12 月第 1 版
印刷时间：2025 年 1 月第 5 次印刷
责任编辑：向 阳 王 程
责任校对：潘佳宁
封面设计：潘正一
责任出版：唐敏志

ISBN 978-7-5517-1786-1 定 价：37.00 元

“悦读”中国，“图说”文化

在我的童年里，书很少，值得读的有价值的书更少。那时候，总是几个小伙伴共享一本书，一个人朗读给一群人听，然后大家分享。那时候最喜欢的书，是图文并茂的，即使没有配图，我们也会想象出无穷无尽的画面。

那时候总是对历史文化方面的书有着特殊的情感，甚至是执着。长大以后，成为教师，成为中华优秀传统文化的传播者，更是把编写少儿国学文化普及读物作为自己的一项使命。

带着儿时的执念，也带着对中华文化的热爱，我们为青少年朋友编写了这套“图说中华优秀传统文化”丛书。

这套丛书从青少年的兴趣出发，围绕科技发明、江河湖海、文治武功、文化古迹、书法绘画、经史子集、民俗礼仪、百家争鸣、名人典故、文史趣谈、名山胜地、历代珍宝等十二个主题，通过中华文化核心理念、故事、图片、思考、诗文等板块，图文并茂、全方位地解读中华文化。阅读本书，你能感受到——

仰望星空，俯察大地，铸鼎烧瓷，琢玉雕金，四大发明纵横世界，先人的智慧与汗水凝聚古今！

浩浩长江，巍巍昆仑，三山五岳，青海长云，黄河之水天上来，那是九州血脉！

秦皇汉武，唐宗宋祖，文治武功，永乐康乾。以经天纬地智慧，谋万民福祉，开创盛世中华！

万里长城，都江古堰，布达拉宫，紫禁之巅，圣哲先贤的身影，穿梭于秦时明月汉时关！

一点朱红，万般青翠，工笔写意，凤舞龙飞，颜筋柳骨勾勒出炎黄子孙的雄壮华美！

圣人辈出，述往思今，栉风沐雨，百家争鸣，经史子集里谱写着任重道远的担当！

“悦读”中国，“图说”文化。愿这套书带给你一股温暖、愉悦的力量。

秦　野

2017年9月

目录

CONTENTS

意义非凡　一脉相承　流传千古

文房四宝

文房四宝

中国书画艺术以其独特的表现形式，在世界书画艺术领域中具有不可替代的地位。这个艺术门类的特征之一，是人们在进行艺术实践过程中所使用的独特工具，主要为“文房四宝”：笔、墨、纸、砚。

四宝由来

文房四宝之名起源于南北朝时期。历史上，“文房四宝”所指之物屡有变化。在南唐时，“文房四宝”特指安徽宣城诸葛笔、安徽徽州李廷圭墨、安徽徽州澄心堂纸、安徽徽州婺源龙尾砚；自宋代以来，“文房四宝”则特指宣笔（安徽宣城）、徽墨（安徽徽州歙县）、宣纸（安徽宣城泾县）、歙砚（安徽徽州歙县）、洮砚（甘肃卓尼县）、端砚（广东肇庆，古称端州）；元代以后，湖笔（浙江湖州）渐兴，宣笔渐衰；改革开放后，宣笔渐渐恢复了生机。安徽宣城是我国文房四宝最正宗的原产地，是饮誉世界的“中国文房四宝之乡”，所产的宣纸（泾县）、宣笔（泾县/旌德）、徽墨（绩溪/旌德）、宣砚（旌德）举世闻名，为历代文人墨客所追捧。

明定陵出土的万历皇帝御用毛笔

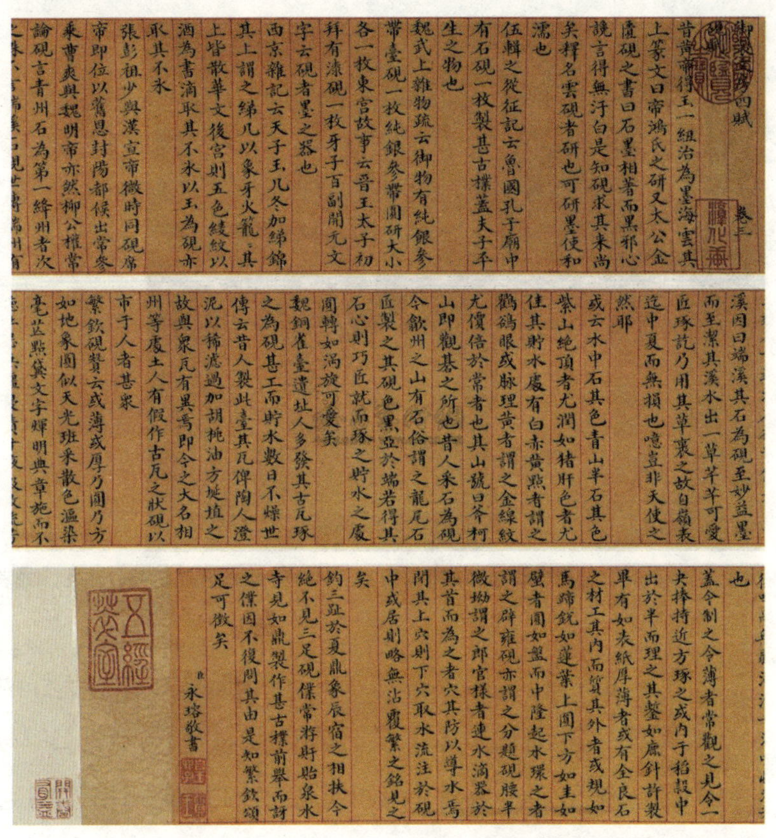

清·永瑢《楷书御制文房四宝赋》

“文房”一名来源于南北朝时期（420—589年）国家典掌文翰之处，唐、宋以后，“文房”专指文人书房。笔、墨、纸、砚这四件书写和绘画的工具，是中国书画艺术中使用最频繁、最基本的工具，为历代文人所重视，故称“四宝”。四宝的品类繁多，丰富多彩，其中尤以湖笔、徽墨、宣纸、端砚最为著名，至今仍享誉中外。

文化瑰宝

笔的起源很早。庄子曾描述画工“舐笔和墨”。制笔

清乾隆铜鎏金掐丝珐琊海水龙纹文房四宝五件——暖砚匣、笔架、水丞、龙首匙、羊毫提笔

的材料大体上有动物的毛和削尖的植物茎秆两大类，笔杆一般用竹、木、象牙和兽骨。好笔要具备“尖、齐、圆、健”四个条件。南宋以后，江南湖州出产的毛笔越来越出

清同治二百兰亭斋监制“徽州胡开文精进烟”御墨

名。明清时期，湖州的笔庄很多，其中尤以创建于清乾隆六年（1741）的王一品毛笔最负盛名，由于选料严格、制作精良，一直为中国书画爱好者所喜爱并相沿至今。

据称，殷商时代就已经有人使用墨了。墨由木炭石墨发展而来。到了汉代，天然石墨已不能满足当时书画的需要，便产生了以松烟和桐煤制成的墨。到了明代，开始用桐油、松脂油、猪油等油烟为原料制墨，墨的质量更高。

湖笔

图说

社稷坛湖笔之乡在善琏镇。当地有笔祖蒙恬庙。相传，秦始皇的大将蒙恬“用枯木为管，鹿毛为柱，羊毛为被（外衣）”，发明了毛笔。2006年，湖笔制作技艺入选第一批国家级非物质文化遗产名录。

唐末安徽歙州（宋代改为徽州）墨工奚超父子创制的墨，由于质地细腻、胶轻、味香、色泽浓黑，被当时书画家视为墨中上品，它带动了这个地区的制墨工艺，“徽墨”由此名播天下。高级徽墨中，由于掺有麝香、公丁香、冰片等名贵中药香料，增强了渗透力，可以长期保持墨的本色。

徽墨

图说

墨是中国古代书写和绘画用到的墨锭，其中最为出名的是徽墨。徽墨是安徽省黄山市、宣城市特产，国家地理标志产品。它的特点是落纸如漆，色泽黑润，经久不褪，有纸笔不胶，香味浓郁，奉肌腻理等特点，素有拈来轻、磨来清、嗅来馨、坚如玉、研无声、一点如漆、万载存真的美誉。

中国宣纸制作雕像群

造纸术是中国四大发明之一。专用于中国书画方面的纸，被人们称为宣纸，又称“泾县纸”，以安徽南部青檀

宣纸

图说

宣纸是中国传统的古典书画用纸。宣纸“始于唐代、产于泾县”，因唐代泾县隶属宣州管辖，故得名宣纸，迄今已有1500余年历史。2002年安徽宣城泾县被国家确定为宣纸原产地域。

树皮、桑树皮和沙田稻草为主要原料，经过多道工序精制而成。上好的宣纸，薄软轻韧，润墨性好，并且纸张不蛀不腐，搓折不损。宣纸的品种有特净、棉料、净皮等，还有生宣、熟宣之别。

砚，也称砚台，是研墨和贮墨的工具。现今可以见到的最古老的砚是战国晚期的石砚，距今已经有2000多年的历史。汉代曾出现过陶质的砚台，但是，唐代以后大多是用端溪石和歙石为制砚的原料。除产于广东肇庆市端溪的端砚被视为中国砚台中的珍品外，其他一些地方出产的砚中，也不乏名砚。

端石雕麒麟砚

徽州乾隆御制铭砚

历史地位

明清以来，人们对文房所需的其他器物有增无减，其中大致有笔掭、碗枕、笔筒、笔架、笔洗、镇纸、墨匣、砚匣、水注、印章、印盒等。据明代文献记载，当时的文房用具多达40余种。文房用具的多样化和普及化，在书画艺术的创作中也得到一定的反映，这一时期的书画创作，强调个性的追求和张扬，并涌现出了一大批杰出的艺术家和传世作品，为中国优秀传统文化的发展做出了重大贡献。

延伸思考

“文房四宝”都有哪些？你都会使用吗？

诗文链接

九月六日登舟再和潘歙州纸砚

宋·梅尧臣

文房四宝出二郡，迩来赏爱君与予。
予传澄心古纸样，君使制之精意余。
自兹重咏南堂纸，将今世人知首尾。
又得水底碧玉腴，溪匠畏持如抱虺。
拜贶双珍不可辞，年衰只怕歔欹鬼。

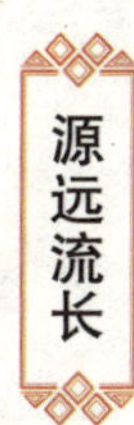

四大发明

四大发明

四大发明即指造纸术、指南针、火药及印刷术，是关于中国科学技术史的一种观点，是中国古代对世界具有很大影响的四种发明，更是中国古代劳动人民的重要创造。此一说法最早由英国汉学家

1986年甘肃天水放马滩5号汉墓出土的西汉早期麻纸

李约瑟提出并为后来许多中国的历史学家所继承。一般认为，这四种发明对中国古代的政治、经济、文化的发展产生了巨大的推动作用，且这些发明经由各种途径传至西方，对世界文明发展史也产生了很大的影响。

造纸与印刷

我国古代的四大发明对人类文明的发展与进步起到了巨大的推动作用。

纸在我国西汉初年就已出现，是用植物纤维等原料制成的。不过，最初纸的质地还很不理想，所以还没有广泛用于书写。到了东汉时期，经过人们的不断改进，纸的质地已有明显提高，逐渐代替了竹木简和绢帛，成为主要的

古代造纸工艺流程图

书写工具。

说到纸，人们自然就会联想到蔡伦，他对我国造纸术的发展做出了很大贡献。他曾为掌管宫廷内手工作坊的尚方令，在吸收了前人造纸经验的基础上，于东汉元兴十七年（105），组织尚方监制造了一批十分精良的纸。这时纸不但质地优良，而且原料取自树皮、麻头等废旧物品，大大降低了纸的成本，使其迅速在全国得以推广和应用。因蔡伦曾被封为龙亭侯，后人又把这种纸称为“蔡侯纸”。

雕版印刷是印刷术最早的形式，产生于唐代。把要印的字写在薄纸上，反贴于木板，再根据每个字的笔画，用刀一笔一笔雕刻成阳文，使每个字的笔画突出在板上。木板雕好以后，就可以印书了。

这种便捷的方法，大大促进了文化的发展。但是，雕

活字印刷石刻

版印刷每一页都要刻一块木板，一部书要刻许多块板，大部头的书要刻上几年时间，而且书版存放需要大量库房，因此，人们迫切希望能改进印刷技术。北宋庆历年间

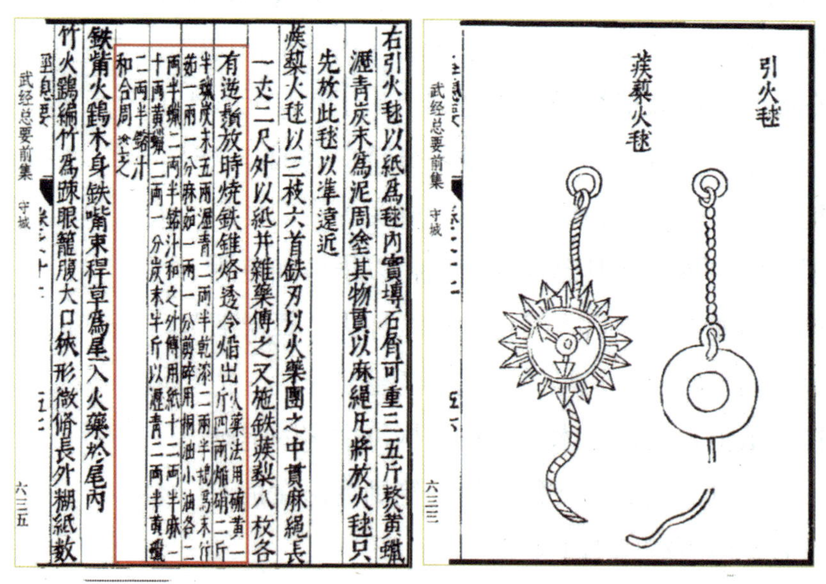

右引火毬以紙爲毬内實塼石屑可重三五斤熬黄蠟瀝青炭末爲泥周塗其物貫以麻繩凡將放火毬只先放此毬以準遠近

蒺藜火毬以三枝六首鐵刃以火藥團之中貫麻繩長一丈二尺外以紙并雜藥傅之又施鐵蒺藜八枚各有逆鬚放時燒鐵錐烙透令焰出 火藥法用硫黄一斤四兩焰硝二斤半麄炭末五兩瀝青二兩半乾漆二兩半擣爲末竹茹一兩一分麻茹一兩一分剪碎用桐油小油各二兩半蠟二兩半鎔汁和之外傅用紙十二兩半麻一十兩黄蠟二兩一分炭末半斤以瀝青二兩半黄蠟二兩半鎔汁和合周塗之

鐵嘴火鷂木身鐵嘴束稈草爲尾入火藥於尾内

竹火鷂編竹爲疎眼籠腹大口狹形微脩長外糊紙數

武经总要前集 守城 六三五

中国古代火药配方的记载

(1041—1048)，毕昇发明了活字印刷术。他用细胶泥刻成一个个反字，用火烧硬后按照韵排在木格里。排字时，依照稿本拣出所需的字。当排好页书版后，用松脂、黄蜡等材料熔化后将字模固定，即可印刷。印完后将书版放在火上烘烤，待松脂等材料熔化时取下活字模以备再用。这样，大大提高了印刷效率。

印刷术

图说

印刷术是中国古代劳动人民的四大发明之一。雕版印刷术发明于唐代，并在唐代中后期普遍使用。北宋庆历年间，毕昇发明了活字印刷术。

黑色战神

我国古代帝王渴求长生不老，以致炼丹术大行其道，火药就是“炼丹家”在炼制丹药时无意中配制出来的。它由硝石、硫磺和木炭配制而成，这种“药”因容易起火，

火药

图说

火药是中国四大发明之一，是在适当的外界能量作用下，自身能进行迅速而有规律的燃烧，同时生成大量高温燃气的物质。在军事上主要用作枪弹、炮弹的发射药、火箭和导弹的推进剂及其他驱动装置的能源，是弹药的重要组成部分。火药是人类文明史上的一项杰出的成就。火药以其杀伤力和震慑力，带给人类安全防卫的作用，成为了人类文明重要发明之一。

现代·田丰《古造纸坊》

所以叫火药。火药在生产和生活上有广泛用途，可以用来制作爆竹和焰火、开山采石、狩猎，还可以用来治病、杀虫和去瘟疫。

景泰铜火铳

中国香港邮政发行的“中国古代四大发明”邮票

但火药最重要的用途还在于军事方面。唐代末年已使用火药武器了。北宋年间，人们对火药的制造和使用有了很大提高。据古代军事著作《武经总要》所记，当时人们已经熟练掌握了火药的性能，分别制成了爆炸火器、喷射火器和管状火器，其中爆炸火器就有三种：一种是蒺藜火球（火药包里装有带尖刺的铁蒺藜），阻止骑兵之用；一种是“毒药烟球”，利用爆炸烟雾使敌人中毒；一种是“霹雳炮”，用皮包裹火药，爆炸力极强。

喷射火器以火箭为代表，而管状火器实际上就是枪炮的雏形。南宋时期，我国与阿拉伯、波斯通商，火药经商人传到西方。不幸的是，火药发明的始祖，在1840年的鸦片战争中被西方人用大炮和洋枪敲开了国门，从此，泱泱中华陷入了深重的灾难之中。

延伸思考

你知道火药还有什么作用吗？怎样使用火药才保证安全呢？

古老的司南

作为指南针前身的“司南”，战国时代就已出现，它是利用磁铁的南北极性制成的指示方向的仪器。此后，经过不断改进和测试，更加精确和便利，这就是现在的指南针。北宋时期，它已用于航海，明代郑和“七下西洋”，行驶方向全用罗盘指示。阿拉伯人是最先从我国学会使用指南针的，12世纪末，经他们将指南针传入欧洲。指南针在发现美洲“新大陆”的探险中起了很大的作用。

司南

图说

司南是中国古代辨别方向用的一种仪器，是中国古代劳动人民在长期的实践中对物体磁性认识的发明。

四大发明是中华文明的瑰宝，是中国古代先民为世界留下的一串光辉的足迹，为人类的文明进步做出了巨大贡献。

明青铜龙头司南勺

诗文链接

扬子江

宋·文天祥

几日随风北海游，回从扬子大江头。

臣心一片磁针石，不指南方不肯休。

文明传承

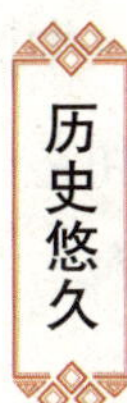

出土文物

青铜器

青铜器是由青铜合金（红铜与锡的合金）制成的器具，诞生于人类文明时期的青铜时代。

青铜器在世界各地均有出现，是一种世界性文明的象征。最早的青铜器出现于6000年前的古巴比伦两河流域。苏美尔文明时期雕有狮子形象的大型铜刀是早期青铜器的代表。然而青铜器在2000多年前逐渐被铁器所取代。

中国青铜器制作精美，在世界青铜器中享有极高的声誉和艺术价值，代表着中国4000多年青铜器发展的高超技术与文化。

国宝青铜

海昏侯墓出土的西汉错金青铜编钟

图说

编钟，中国古代大型打击乐器，兴起于西周，盛于春秋战国直至秦汉。中国是使用编钟最早的国家。

明珐华釉胡床

中国是个历史悠久的文明古国，在这片土地上出土的无数文物充分证明了这一点。关于中国的文物，有三样东西是比较有意思的。

第一样东西就是青铜器，商周以及后来的春秋战国时期是中国的青铜时期。在这个时期内，青铜器被大量使用。《左传·成公十三年》里有句话叫“国之大事，唯祀与戎”。就是说，在那时候国家只有两件大事——祭祀和打仗。中国人有崇拜祖先的传统，所谓“慎终追远”。因此，祭祀是一件大事。除了祭祀，另一件重要的事情就是打仗。古人认为，这两件事关乎着国家的兴衰存亡，所以格外重视。因此，今天出土的青铜器主要有两类，一类是礼器，用于祭祀；一类是兵器，用于打仗。

青铜的质地比较柔软，韧性较好，但是它缺乏钢铁的

青铜马头剑

硬度。所以青铜剑一般都铸造得很短，今天博物馆里先秦时期的青铜剑的长度大多数只有三四十厘米，长的也不过五六十厘米。之后到了秦代，由于青铜冶炼技术的提高，青铜剑的长度才达到了八九十厘米。

不同的礼器具有不同的使用价值。古代有个词叫“钟鸣鼎食”，就是用来形容古代豪门贵族吃饭时要奏乐击钟，用鼎盛着各种珍贵食品，以显示其高贵和富有。这个鼎，其实就是用来煮饭的大锅。夏禹治水，划天下为九州，铸成九鼎代指九州。从此，九鼎成了权力的象征而代代相传。后来，周王室衰微，楚庄王问鼎中原，反映了他有觊觎天子帝位的野心。

因此，青铜器的价值非常之高，几乎全部是单独铸模制造出来的，几乎不存在两件完全一样的古代青铜器。青铜是铜、锡、铅的合金，刚刚铸造出来的时候，据说是黄金般的颜色。绝对不是现在看到的那个锈迹斑斑的样子，生锈是因埋在地下造成的。

陪葬陶俑

第二样有意思的东西就是兵马俑。兵马俑在刚出土的时候，跟我们现在看到的完全不一样。兵马俑刚出土的时

西汉景阳帝陵陪葬墓出土的彩绘塑衣式陶俑

候颜色鲜艳，之后由于被空气氧化才逐渐褪了色，变成了今天我们看到的样子。为此，兵马俑到今天也没有被大规

湖北沙洋塌冢楚墓1号墓出土战国中晚期楚国漆俑

兵马俑

图说

1961年3月4日，秦始皇陵被国务院公布为第一批全国重点文物保护单位。1974年3月，兵马俑被发现。1987年，秦始皇陵及兵马俑坑被联合国教科文组织批准列入《世界遗产名录》，并被誉为“世界第八大奇迹”，先后有200多位外国元首和政府首脑参观访问，成为中国古代辉煌文明的一张金字名片，被誉为世界十大古墓稀世珍宝之一。

模挖掘，因为一旦挖掘出来，如何保存颜色就是个难题。

说到这里，我们不禁要问：这俑是干什么的？实际上俑是用来陪葬的。因为上古时期的中国有用活人殉葬的传统，但是后来的人认为这么做太残忍。于是就改用陶俑或者木俑来殉葬，既然俑是用来陪葬的，如果从收藏的角度上来讲，它虽然具有文物价值，但是如果您把他摆在卧室里当装饰品，就显得不那么恰当了。

陪葬唐三彩

第三样有意思的东西就是唐三彩。唐三彩是一种盛行于唐代的陶器，后来人们习惯地把这类陶器称为唐三彩，多用于殉葬。一般来说，古代人死之后，人们会按他生前用过的一些事物的外形，烧制成唐三彩来陪葬，表示对逝者的尊敬和怀念。这些唐三彩可以说就是一种陪葬品。

唐三彩是中国陶瓷艺术中的伟大成就。但由于它全是殉葬冥器，史籍很少记载，逐渐被人遗忘。直到1905年，清政府修筑陇海铁路，途经洛阳的邙山，掘开了许多古墓，才发现了大量的唐三彩。当时的民工认为这些花花绿绿的陪葬陶器晦气，因此许多唐三彩出土后被人就地砸成了碎片；也有一些被送到北京的琉璃厂，但古玩商们也觉得不甚吉利，只把它作为下脚货来处理，很少有人买。

延伸思考

你知道哪些文物背后的故事？跟家人讲一讲。

唐代贞观之治以后厚葬之风日盛。唐三彩当时也是作为一种冥器，曾经被列入官府的规定之列，一品、二品、三品、四品，就是说可以允许随葬多少件。

冥器是专为随葬而制作的器物，也称明器，一般用竹、木或陶土制成。后人在新石器时代开始的历代墓葬里都有发现。从宋代起，纸制明器逐渐流行，陶、木等制的渐少。明代还有用铅、锡制作的，在随葬的明器中，除仿制各种实用的器物外，还有房屋、井、仓、灶、猪圈、家具等模型，可以考见当时社会生活情况以及雕塑艺术的水平。

诗文链接

秋怀二首寄圣俞

宋·欧阳修

孤管叫秋月，清砧韵霜风。
天涯远梦归，惊断山千重。
群物动已息，百忧感从中。
日月矢双流，四时环无穷。
降阴夷老物，摧折壮士胸。
壮士亦何为，素丝悲青铜。

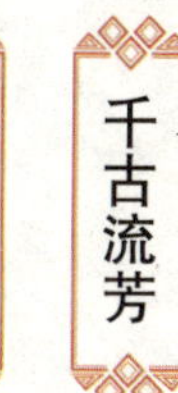

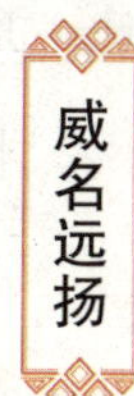

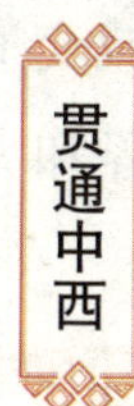

丝绸之路

丝绸之路

丝绸之路起源于西汉（前202—8年）汉武帝派张骞出使西域开辟的以首都长安（今西安）为起点，经甘肃、新疆，到中亚、西亚，并连接地中海各国的陆上通道。它的最初作用是运输中国古代出产的丝绸。1877年，德国地质地理学家李希霍芬在其著作《中国》中，把“从公元前114年至公元127年间，中国与中亚、中国与印度间以丝绸贸易为媒介的这条西域交通道路”命名为“丝绸之路”，这一名词很快被学术界和大众所接受，并正式运用。

亚欧陆桥

从汉武帝时起，在中国和中亚乃至欧洲罗马帝国之间，开辟了一条横贯欧亚两大洲的陆上通道。它穿越戈壁沙漠，翻过“世界屋脊”帕米尔高原，行程近两万里。中

丝路风光

图说

丝绸之路，简称丝路，一般指陆上丝绸之路，广义上讲又分为陆上丝绸之路和海上丝绸之路。

1995年丝绸之路系列纪念币“张骞出使西域图”金币

国精美的丝绸通过它源源不断地输往中亚和欧洲，因此它被称作“丝绸之路”。在东西方经济、文化交往的历史上，丝绸之路是一座光耀千古的丰碑。

这条丝绸之路，东起西汉都城长安，向西经过凉州（武威）、甘州（张掖）、酒泉、敦煌，其间1000多公里，

敦煌莫高窟第323窟北壁上的《张骞出使西域图》，唐代初期（618—714年）绘制

公元7至8世纪古代丝绸之路中亚七河地区塔尔纳夫齐大小铜币

是祁连山和腾格里沙漠夹峙的狭长走廊地带。从走廊尽头的玉门关和阳关再往西，就是茫茫沙漠了。西汉初年，那里有许多国家，统称“西域十六国”。但因为河西走廊在匈奴控制之下，汉朝不能和西域（主要指今新疆和中亚一带）沟通，致使“春风不度玉门关”“西出阳关无故人”。无论是向西发展，还是从“断匈奴右臂”的军事、政治大局来说，通西域，进而走向“外部世界”对于汉王朝都是大势所趋。

张骞出使

延伸思考

在张骞的身上你学到了哪些精神？

公元前139年，汉武帝征募出使大月氏的使者前往西域，联合大月氏，共击匈奴。但大月氏被匈奴逼迫西迁，下落何处，汉王朝也不知晓。这时，张骞挺身而出，领命西行。张骞带领汉使100多人出发，刚到河西走廊就被匈奴人抓住了，一扣押就是十年，张骞身边的随从也只剩下一个甘父，可他们仍保持着汉节（汉家使者的标志）。张骞和甘父寻机逃了出来，但他们并未回头，而是继续西行，历尽艰辛，终于在今天中亚的阿姆河一带找到了大月

明《丝绸之路大地图》手卷

氏。张骞第一次通西域，前后13年，虽然未能联合大月氏共同抗击匈奴，但是增进了对西域的了解，沟通了汉朝与西域的联系。公元前119年，汉武帝派卫青、霍去病两路夹击匈奴。北进2000里，匈奴人不敢再南侵。同年，张骞第二次出使西域，与大月氏、大宛、康居、大夏、安息诸国之间进行了互派使者、互通有无的联系。

汉宣帝时，汉朝在西域设西域都护府，管辖葱岭以东的西域诸国。从此，商队随着使团，用骆驼载着东方的丝绸和瓷器、铁器，载着西方的特产，西去东来，走出了一条“丝绸之路”。中国的物产，被运到地中海东岸，再用

汉画像《张骞出使图》拓本

张骞

图说

张骞（前164—前114），字子文，汉中郡城固县（今陕西省汉中市城固县）人，中国汉代杰出的外交家、旅行家、探险家，丝绸之路的开拓者，故里在陕西省汉中市城固县城南2千米处汉江之滨的博望村。

张骞富有开拓和冒险精神，建元二年（前139），奉汉武帝之命，由甘父做向导，率领100多人出使西域，打通了汉朝通往西域的南北道路，即赫赫有名的丝绸之路，汉武帝以军功封其为博望侯。史学家司马迁称赞张骞出使西域为“凿空”，意思是“开通大道”。

海船运到欧洲和北非各地。东汉初年，匈奴铁骑南下，又是60多年狼烟四起，丝绸之路被阻断。

司马汉·版画《丝绸之路》

汉明帝永平十六年（73），深知经营西域重要性的读书人班超毅然“投笔从戎”，走上了抗击匈奴的前线，奉命出使西域。他带领36人沿着张骞的足迹在各国辗转了

丝绸之路孔雀王朝诃利鸡国银币、铅币

唐·丝绸之路锦缎

31年。先后同大小50多个西域国家结成友好关系，分别打通了丝绸之路上的西域南道与北道。班超壮年出使西域，经营护路半生，返回长安时已是七旬老人。朝廷封他为定远侯。

七绝·丝绸之路

佚名

荒滩大漠鬼难行，鹏鸟欲飞终未能。
但见巨龙呼啸过，丝霞万匹映天红。

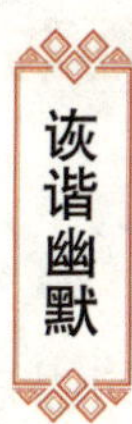

东方朔的政治幽默

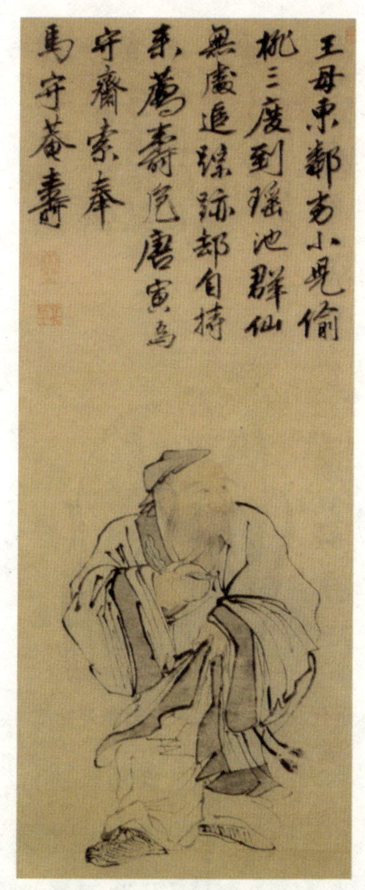

明·唐寅《题东方朔偷桃图》

东方朔（前154—前93），字曼倩，西汉时期著名文学家。他性格诙谐、言词敏捷、滑稽多智，常在武帝前谈笑取乐。小隐隐于野，大隐隐于朝。东方朔在神圣的宫廷之中，放肆地开着玩笑，在嬉笑怒骂中指出了皇帝的失误，举重若轻地处理重大问题，不执着于表达的形式，也许这才是智者的表现。

巧劝汉武帝

有一段时期，汉武帝一心想要长生不老，受了许多方士的蛊惑，把宫廷搞得乌烟瘴气。东方朔看在眼里，急在心头，哪里有什么神仙啊？可是皇帝着了迷，谁也不敢劝。

一次，汉武帝听说有一个地方藏有仙酒，人喝了就可

近代 · 齐白石《东方朔献寿》

图说

东方朔偷寿桃的题材在齐白石的笔下屡屡被描绘。晋朝张华《博物志》载：西王母赠桃给武帝，之后记述了东方朔的出现，间接叙述了东方朔偷桃之事，所以“东方朔偷桃”就成了民间祝寿图中长盛不衰的题材，为老人祝寿也常挂“东方朔偷桃”图。

东方朔像（清殿藏本）

以长生不老，于是汉武帝就斋戒了七天，然后派人带了几十个童男童女，把仙酒求了回来。

可是仙酒刚求回来，汉武帝还没有喝，东方朔就抢先把仙酒偷偷地喝光了。汉武帝发现后，大发雷霆，下令把东方朔推出去斩首。死到临头的东方朔非但一点都不害怕，还哈哈大笑起来，说："如果喝了此酒真会长生不老，可以成仙，皇上就杀不死我；如果臣被杀死了，则证明此酒皇上喝了也不会长生不死。"

汉武帝想了一下，终于明白了东方朔的良苦用心。原来他是想借此告诉自己"人不可能长生不死"的道理啊。想到这里，汉武帝笑着把东方朔放了。

喝酒祝寿消苦闷

武帝的妹妹隆虑公主有一个儿子昭平君，平日飞扬跋扈，经常犯事，所以隆虑公主很不放心。在临终前，隆虑公主拿出金千斤钱，为儿子预赎死罪，武帝答应了。

果然，昭平君自母亲死后，更加骄横，竟然醉杀了夷安公主的傅母。按汉代律法，应杀人偿命，但朝中大臣都不敢问斩，因为隆虑公主曾预赎过死罪，而且皇上也同意了。于是大臣将此事奏请武帝，由他亲自裁决。武帝说："我妹妹已故，只有这么一个儿子，死前又嘱托过我。"讲到这里，他泪流满面，叹息良久，又说："但法令是先帝制定的，我不能因妹妹而违反先帝的法令，否则，我有什么颜面进高庙见祖先？何况还辜负了天下万民。"于是，令廷尉斩了昭平君。昭平君被斩后，武帝十分悲

清·竹雕东方朔

痛，左右大臣也为之伤心。

此时，只有东方朔没有哀伤的表情，反而拿了一杯酒，为武帝祝贺。他说：“我听说圣明的君王治理国政，赏赐不避仇人，刑罚不择骨肉。这就是古书上所说的‘不偏不党，王道荡荡’。这两件事，是五帝所推重的，也是三皇所难以办到的。现在陛下却做到了，这样，天下的老百姓都能各得其所。这是值得庆幸的事。我手捧酒杯，冒死再拜，祝皇上万岁。”武帝没说什么，起身进入宫内。

到了傍晚，武帝召见东方朔，说：“书上说，看准时机后再说话，别人不会讨厌。今天先生给我祝寿，是看准时机了吗？”东方朔马上脱下帽子，磕头请罪道：“我听说快乐过分就是阳溢，哀伤过分就阴损。阴阳变化导致心气动荡，心气动荡就精神分散。精神一散，就邪气侵入。消除愁闷最好的是酒。我之所以用酒向皇上祝寿，是想表彰陛下的刚正不阿，又想用它来替皇上止哀。我不知忌讳，罪该死。”武帝听了，觉得很有道理。这之前，东方朔曾喝醉了酒，闯入宫殿，而且在宫殿中小便，宫中值巡的发现了，弹劾他大不敬。武帝因此下诏，免去了他的官职。这件事过后，武帝又恢复了他的官职，并且还赏他一百匹帛。

延伸思考

你还知道哪些关于东方朔的小故事？讲给大家听听。

成语

管窥蠡测

管，竹管；蠡，贝壳做的瓢。从竹管里看天，用瓢测量海水。比喻对事物的观察和了解很狭窄，很片面。

成语

巧言利口

意思是巧伪的言辞，锋利的口辩。

诗文链接

东方朔

宋·王安石

平原狂先生，隐翳世上尘。
材多不可数，射覆亦绝伦。
谈辞最诙怪，发口如有神。
以此得亲幸，赐予颇不贫。
金玉本光莹，泥沙岂能堙。
时时一悟主，惊动汉庭臣。
不肯下儿童，敢言诋平津。
何知夷与惠，空复忤时人。

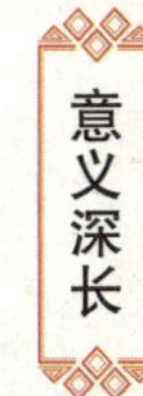

茶圣与中国茶

茶文化

茶道，就是品赏茶的美感之道，亦被视为一种烹茶饮茶的生活艺术，一种以茶为媒的生活礼仪，一种以茶修身的生活方式。它通过沏茶、赏茶、闻茶、饮茶增进友谊、美心修德，学习礼法、领略传统美德，是很有益的一种生活方式。喝茶能静心、静神，有助于陶冶情操、净化心灵。茶道精神是茶文化的核心。

传统茶文化

“一碗喉吻润；二碗破孤闷；三碗搜枯肠，唯有文字五千卷；四碗发轻汗，平生不平事，尽向毛孔散；五碗肌骨清；六碗通仙灵；七碗不得吃也，唯觉两腋习习清风生。”这是唐代诗人兼茶人卢仝饮茶时的内心独白。一碗，两碗，……随着空碗的重叠，拂去了世间的尘埃，诗人的心灵游向神仙般的境界。

中国是世界的茶乡，中华民族是最先认识并种茶、制茶和饮茶的。相传4000多年前，尝百草的“神农”已发现了这种当时叫“苦荼”的植物。后来有了专门栽种的茶树，它始于南方，后推广到其他地区。秦汉之际，饮茶之风又起，茶叶被加工成饼状，喝时捣碎放入瓷壶，再配上葱、姜和橘子皮等作料调味，用来招待客人。随后又有了煮茶和饮茶的专门用具。三国时期，饮茶的习惯依旧，名

宋·刘松年《卢仝烹茶图卷》

明·文徵明《惠山茶会图》

医华佗在《食论》中就盛赞饮茶的好处。魏晋南北朝时期，人们对茶叶的认识更进了一步，郭璞在他的《尔雅

陆羽井，传说陆羽在此取水泡茶

图说

据《苏州府志》记载，陆羽晚年曾长期寓居苏州虎丘，一边继续著书，一边研究水质对饮茶的影响。他发现虎丘山泉甘甜可口，遂即在虎丘山挖筑一石井，称为“陆羽井”，又称“陆羽泉”。

注》里有这么一段话："合呼早来者为荼，晚取者为茗……"可见，当时的人们对采茶时间的迟早与茶质的关系，已有了相当精辟的见解。

到了唐代，饮茶之风盛行，并因此造就了一代"茶圣"陆羽。唐建中元年（780），竟陵（今湖北天门市）人陆羽撰写了我国第一部也是在茶书方面被奉为最高最古老的经典著作《茶经》。

茶圣陆羽

延伸思考

从陆羽的故事中你学到了什么？跟家人分享一下。

陆羽字鸿渐，名疾。他自幼失去双亲，在寺庙中长大，13岁时进戏班学戏，由于勤奋好学，很快就能演戏，加之他有些文化基础，又编写了一些滑稽的戏剧，才华渐渐显露。天宝年间，陆羽遇到了复州太守李济物和诗人释皎然，从他们那里学到了许多有益的知识。

天宝十五年（755），陆羽离开家乡，到长江中下游一带游历。一路上，他考察各地的风土人情，特别注重对茶

茶圣陆羽雕像

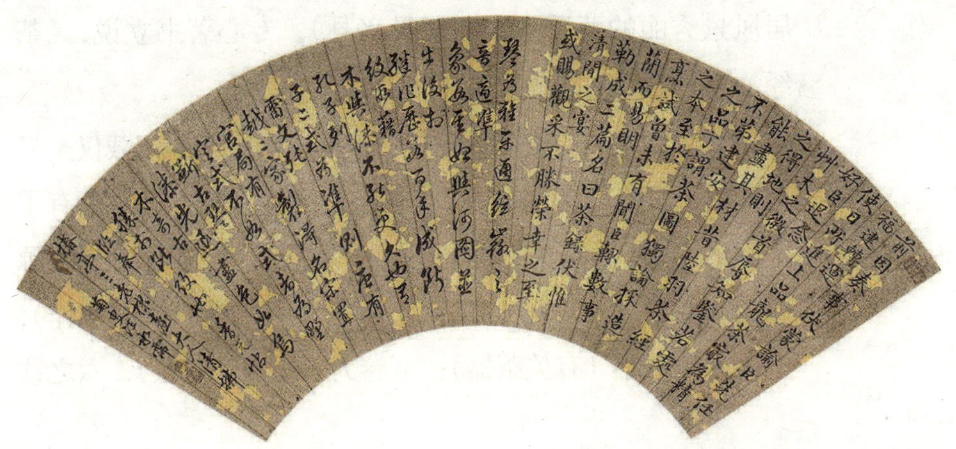

清·汪承霈《行书陆羽茶经句》（扇面）

树种植、茶叶制作和饮茶方法等方面做调查研究，并亲身参加了种茶、采茶和制茶的劳动。对于与茶有关的古书记载、名人逸事也广为搜集，积累了大量资料。后来，他隐

唐银局部鎏金镂空茶笼子

居风景秀丽的苕溪（今浙江吴兴县），专心著书立说，《茶经》就是在这期间写成的。

我国饮茶的历史虽然悠久，但此前有关茶的记载仅是只言片语，没有专门的著作。《茶经》问世，使人们对茶有了全面的了解。《茶经》全书三卷，共十章。上卷为一之源（茶的起源），二之具（造茶的用具），三之造（茶的制作），中卷为四之器（有关茶器）；下卷为五之煮（煮茶），六之饮

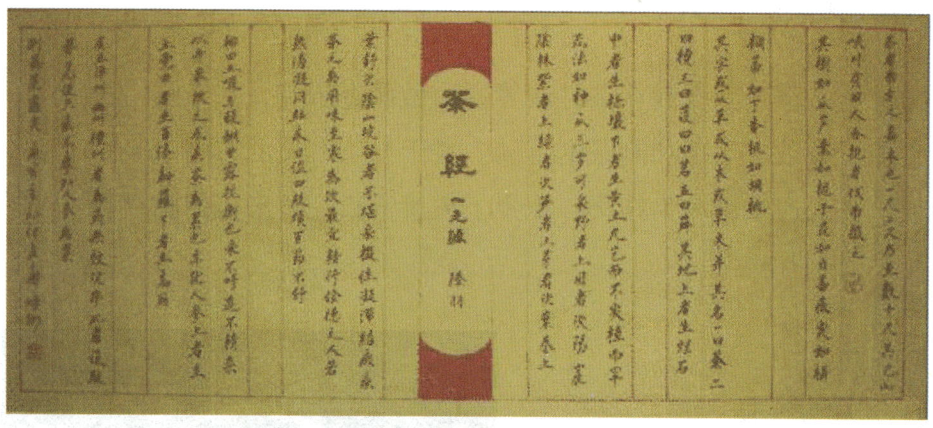

《茶经》

图说

《茶经》是中国乃至世界现存最早、最完整、全面介绍茶叶的专著，被誉为茶叶百科全书，唐代陆羽所著。此书是关于茶叶生产的历史、源流、现状、生产技术以及饮茶技艺、茶道原理的综合性论著，是划时代的茶学专著，精辟的农学著作，阐述茶文化的书。将普通茶事升格为一种美妙的文化艺能，推动了中华茶文化的发展。

元·赵原《陆羽烹茶图》

（茶的饮法），七之事（茶的记事），八之出（茶的产地），九之略（茶的野外加工事宜），十之图（茶图）。

陆羽的《茶经》问世后，促进了饮茶习俗在全国进一

赵孟頫《斗茶图》

步的普及。上至宫廷王室，下至平民百姓，不论什么场合，茶都成了不可或缺的饮品。人们称陆羽为“茶仙”，还用瓷器制作他的造像，以表达对他的感激之情。不仅如此，诗人们还创作了许多吟咏陆羽与《茶经》的诗，除了卢全外，还有白居易、杜牧、韦应物等著名诗人吟咏他。从唐代起，我国种茶、制茶技术开始流传外国，最初经海路东传日本、朝鲜，南达东南亚诸国，后经丝绸之路传至阿拉伯国家。到了16世纪初，中国茶叶开始传向西方国家，18世纪初传到美洲大陆。如此，茶已成为世界三大饮品之一，不仅如此，它还形成了独具丰富内涵的茶文化。

诗文链接

浣溪沙

清·纳兰性德

谁念西风独自凉？
萧萧黄叶闭疏窗。
沉思往事立残阳。
被酒莫惊春睡重，
赌书消得泼茶香。
当时只道是寻常。

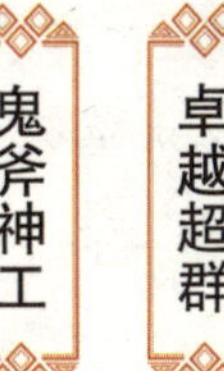

木匠的祖师爷鲁班

“鲁班造磨”雕像

鲁班是战国时期的鲁国人。他是一个善于制作精巧器具的能手，人们叫他“巧人”，民间历来把他奉为木匠的始祖。人们一般称不谦虚的可笑行为为“鲁班门前弄大

延伸思考

你有过“班门弄斧”的经历吗？跟朋友分享一下。

斧”，简称“班门弄斧”。这和俗语所说的“关公面前耍大刀”的意思差不多。其实，“班门弄斧”这句成语早在唐代就有其雏形了。文学家柳宗元在一篇序文中就有这样一句：“操斧于班郢之门，斯颜耳！”意思是说，在鲁班和郢人（也是一个操斧能手）的门前表现用斧子的本事，脸皮也太厚了。这句成语有时也用作自谦之词，表示自己不敢在行家面前卖弄自己的小本领。

鲁班造锯

鲁班其实并不姓鲁，他叫公输盘，又称公输班，生于公元前507年的鲁国，因此人们习惯叫他鲁班。

关于这位公输班，在民间流传着很多故事，其一就是他是如何发明了锯。在鲁班生活的时代，并没有锯，伐木要用斧头一下一下砍，既费力又费时。有一次，鲁班与他

根据“鲁班锁”衍生而来的现代益智玩具

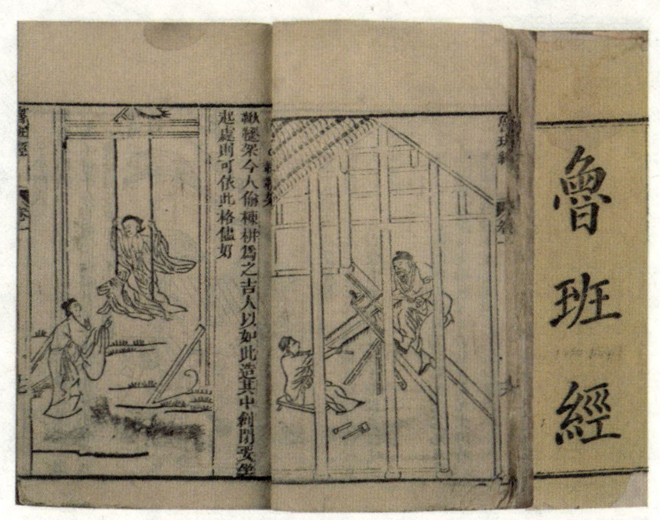

古籍《鲁班经》

的门下弟子们要为一户人家修筑楼阁，工程浩大，需要许多的木头，他们只好在山上不停地伐木，累得筋疲力尽。一天，鲁班在砍树之际，爬上山坡时，手指被什么东西划伤，滴下血来。他低头看划破他手指的东西，居然是一小片柔软的草叶，只是草叶的边缘长满细齿。“它们为什么如此锋利?”鲁班正想着，只见一只蝗虫爬上草茎，啃食起草的叶、茎。鲁班把这只蝗虫捉在手中，仔细看它的嘴：嚯，原来它的牙下缘也是齿状的！看来呈齿状排列确实有助于切削东西。鲁班受到了启发，马上试着给竹片打上了齿，果然，原本柔弱的竹片也可以切割东西了。

鲁班让铁匠照这个样子锻出了锋利的“锯”，拿到树上一试，果然又快又省力，工程提前完成了，由于锯在切削东西上的优越性，也很快被推广开来，在很多方面取代了斧子，从而大行于世。除了“锯”，鲁班还发明了刨刀，用来磨和刮平木料；发明了孔钻，可以在木料上钻出圆孔；发明了凿子，凿方孔；发明了曲尺和墨斗线以提高

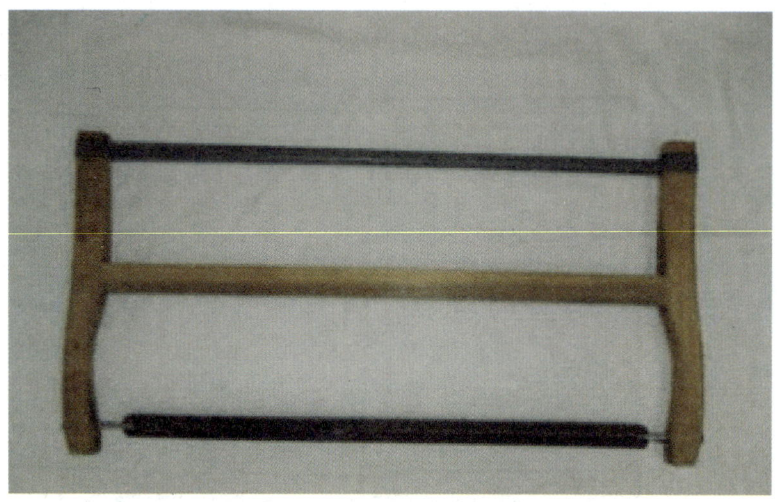

锯

图说

锯以动力分为两大类，即人力锯和外动力锯；而外动力锯根据时代的不同，有了不同的选择，如水力锯、柴油锯、电锯等。图为中国传统人力锯。

工作效率……这些工具，几千年来都是木工必备的家什，做活儿一刻也离不了，难怪后人称鲁班为“木匠”的祖师爷。

能工巧匠

延伸思考

鲁班为什么能发明锯？

鲁班不仅为木工发明了许多用具，还利用聪明才智发明了石磨。在石磨发明之前，谷子去壳和麦子脱粒、碾碎，是用杵臼之类的工具，费工费力。鲁班做了一个大石

山东滕州鲁班纪念馆

台面，装上石滚筒和滚碾谷壳的碾子，在两者的接合面分别錾线纹锯齿和反向螺纹锯齿，然后用人工（或畜力）推转上层滚筒来磨面。又省力，又不会浪费谷、麦，磨出的面粉又细又匀。后来虽有了水磨、电磨，运作的基本原理还是跟鲁班的石磨一样，只是在推动力上进行了改进。有了这许多省力又方便的工具，再加上他本人的天赋，鲁班的木匠活儿做得出神入化，举世无双。

云梯的故事

鲁班不仅是能为人民制造各种生活用具的能工巧匠，而且是一个杰出的机械发明家。

鲁班生活的年代，正值诸侯争霸，战争连年不休。那

鲁班学艺

图说

鲁班的名字实际上已经成为古代劳动人民智慧的象征。多年来，人们把古代劳动人民的集体创造和发明也都集中到他的身上。因此，有关他发明和创造的故事，实际上就是中国古代劳动人民发明创造的故事。

时，每个城市都修有很高很厚的城墙。守城的将士们关上城门，站在城墙上守卫着。而攻城者呢，手中的武器都是弓箭、长矛之类，很难将城攻下。常常是把城围了多日，干着急攻不下来。

鲁国国王命令鲁班制造攻城的器械。鲁班想来想去，想起了自己盖房子时用过的短梯。踏着短梯，能登上房顶，造一个长梯，不就能够爬上高高的城墙了吗？如果在梯子上还能射箭，不就能够打退守城的人了吗？于是，鲁班造出了“云梯”。这种“云梯”能在平地上架起来，够上高高的城墙，上面还能够站人射箭。

随着时代的发展，“云梯”也应用于人们现代的生活中。如今消防器材中的云梯，就是从这个云梯发展演变而来的。

鲁班枕，又叫“瞎掰”，是一种既可以当枕头又可以当板凳的器具

山东滕州鲁班故里石碑

诗文链接

感皇恩·富贵不须论

宋·辛弃疾

富贵不须论，公应自有。且把新词祝公寿。当年仙桂，父子同攀希有。人言金殿上，他年又。

冠冕在前，周公拜手。同日催班鲁公后。此时人羡，绿鬓朱颜依旧。亲朋来贺喜，休辞酒。

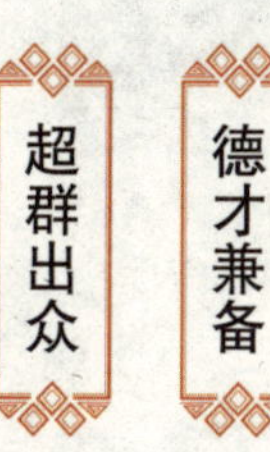

鸱夷子皮范蠡

范蠡

范蠡为中国早期商业理论家，楚学开拓者之一。被后人尊称为“商圣”，“南阳五圣”之一。他虽出身贫贱，但是博学多才，与楚宛令文种相识、相交甚深。因不满当时楚国政治黑暗、非贵族不得入仕而一起投奔越国，辅佐越国勾践。传说他帮助勾

敦煌壁画中的西域商人

践兴越国，灭吴国，一雪会稽之耻。功成名就之后急流勇退，化名为鸱夷子皮，遨游于七十二峰之间。其间三度经商成巨富，三散家财。后定居于宋国陶丘（今山东省菏泽市定陶区南），自号陶朱公。世人誉之：“忠以为国；智以

范蠡湖

陶朱公致富奇書引

陶朱公者史稱越范蠡是也嘗與文種公並仕於越為大夫佐越謀伐吳吳滅蠡遺種書曰高鳥盡良弓藏狡兔死走狗烹敵國破謀臣亡越王為人長頸鳥喙可與共患

范蠡陶朱公致富奇书明万历三十年（1602）刻本

保身；商以致富，成名天下。”他是范姓始祖范武子的玄孙，并被视为顺阳范氏之先祖。

功成身退

越王勾践灭吴之后，与齐、晋等诸侯会盟于徐州（今山东滕县南）。诸侯皆前来祝贺，勾践号称霸王，成为春秋战国之天下的佼佼者。

范蠡跟随越王22年，足智多谋，身经百战，又精于外交，为成就越国的霸业起到了至关重要的作用，因此官封上将。但是他得胜回到了国都，感到自己的名气越来越大，又深知勾践的为人，于是就决定离开越国，给越王写

古代市井商贸图

了封信，说："我曾经听说，主上有烦恼时，他的臣子应该为他分忧，当初你在会稽受耻辱，我们做臣子的人就应该为你去死，那时臣下没有死，是想为主上雪此大耻。现在这个仇已报，我也该来领早先的罪过了。"勾践说："你

古代中西商贸浮雕

湖南勾践祠

真是一个诚实的人，我要把越国的江山分你一半，让我们共同享受这胜利后的果实。”范蠡说：“感谢主上不杀之恩，我实在受之不起。”说后，就退了下去。范蠡决定偷偷地离开越国。在一个静悄悄的夜晚，他骑着心爱的马，

明代街市

带着他的妻儿走了。他不时眷恋地回眼望了自己的祖国，眼睛里噙满了泪水。

他来到了齐国，给自己的老朋友文种写了一封信，信中说：“我曾听人说，飞鸟射完了，良弓就要藏起来；狡猾的兔子被抓光了，猎狗就要被煮吃了。越王的脖子长得很长，嘴像马喙一样尖，我看可以和他共患难，却不可和他共享乐，我还不如早早地离开。”

文种接到了这封信，感到还是老朋友说得对，于是他就自称有病不能上朝，这样持续了几天，就有人在越王面

范蠡

图说

范蠡为早期道家学者，楚学开拓者之一。被后人尊称为“商圣”，“南阳五圣”之一。

清浅绛彩范蠡进西施图瓷板

前进谗言，说文种想谋反，因为那些奸佞之徒实在嫉妒他的才能和功绩。而勾践也感到，越霸业已成，留着他也没有什么用了，还会生出许多事来，就把文种叫到自己的身边，对他说："你教给我攻打吴国的七条计谋，我只用了三条就打败了吴国，还有四条在你那儿，你还不如跟着吴国的国王去，试试你的计谋看是不是能救了他们。"然后给了他一把剑，让他自杀。越王所赐之剑，就是当年吴王命伍子胥自杀的"属镂"剑。文种至此，一腔孤愤无以言表。可怜这位功勋卓著的老臣就这样死去了。

商圣人传奇

延伸思考

说说范蠡为什么会成为一名优秀的商人？从范蠡身上学到了什么？

范蠡在齐国，改名换姓，自称“夷子皮”，在海边耕种，做商业买卖。范蠡早年曾做过账房会计之事，研究理财之道。他认为：由于供求关系的有余和不足，促使物价有贵、贱变化，因此要随时掌握社会余缺及需求。譬如，干旱则备车乘，水涝则备舟楫；农、工、商三业，均有各自的重要地位，又相互联系。比如，米谷价格，谷贱挫伤农夫的生产兴趣，谷贵损害工商者的切身利益。损害工商则没有钱财出处，挫伤农夫的生产积极性则地就要荒芜。米谷价平，则农工商都有利。这就是治国理财的大道；积贮之理，务必妥善保管，还要及时周转。以物易物，勿使容易腐败的东西积压太久；倘知何物有余，何物不足，便知孰贵孰贱。物贵到极点必反贱，物贱到极点必反贵。物

浙江省诸暨范蠡祠

传统商贩

图说

商人古已有之，他们聪明能干，但在帝王将相的舞台上，他们只是人民中的一员。

贵时，要及时卖出，要像弃粪土一样；物贱时，要及时买进。像收集珠玉一样的珍藏，一定要让钱财如流水一样通行无阻。

远在春秋时期，范蠡就具有如此完备的经济思想和商业理论，无疑是非常难能可贵的。正是由于此，他到齐国之后不久，家产就累计数十万贯。齐国人觉得他是个了不起的人，就推举他为相国，他做了一阵，感到还是没兴趣。一天夜里，他在月光下散步，感叹道："我做官做到了相国，我挣钱挣到了成千上万的财产，做人做到这一点，也就不错了。但是，我的一切都达到了顶点，对我来说并不是好事。”于是他就辞去了官位，将万贯家财都分发给穷人。又从齐国的大地上悄悄地消失了。他又来到陶（今山东定陶西北），再次变易姓名，自称为“朱公”。他认为陶居天下中心，四通八达，便于交易，遂以经商为业，每日买贱卖贵适时而动，事业干得很红火。很快，他又成了一个富人，人们都称他为“陶朱公”，后代中国也常以陶朱公来表示富裕。

范蠡一生，三次迁移，但是他所到之处，一定有所作为，治可以立奇功，理财可以致大富，19年里，三致千金。他出色的处世才能赢得了后人的一致赞许。

范　蠡

唐·陆龟蒙

平吴专越祸胎深，岂是功成有去心。
勾践不知嫌鸟喙，归来犹自铸良金。

律师鼻祖邓析

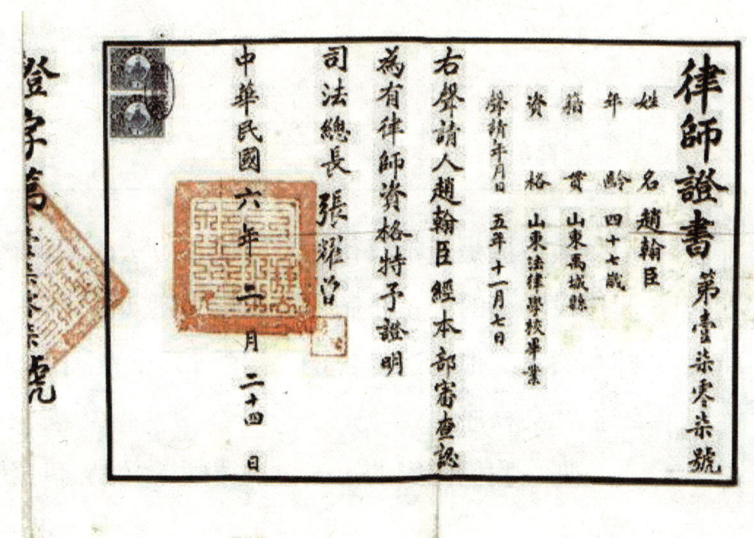

律師證書 第壹柒零柒號

姓名 趙翰臣

年齡 四十七歲

籍貫 山東禹城縣

資格 山東法律學校畢業

聲請年月日 五年十一月七日

右聲請人趙翰臣經本部審查認為有律師資格特予證明

司法總長張耀曾

中華民國六年二月二十四日

中华民国时的“律师证”

当代社会的法律，与我们每个人的日常生活息息相关，从衣食住行到思想文化，每一个领域都能在相应的法典中找到依据。尤其从我国提倡“依法治国”的理念之

邓析画像

图说

邓析（前545—前501），河南新郑人，郑国大夫，春秋末期思想家，“名辩之学”倡始人，名家学派的先驱人物。他第一个提出反对“礼治”思想，认为“不法先王，不是礼义”。他反对先王礼义的传统价值理念，而主张用法律来治理国家、明断是非，主张废除贵族们的特权。

后，人们更是迫不及待地了解或学习法律知识，从自身做起建设和谐的民主法制社会。最为熟知法律的一群人是律师和法官，他们追求公正、崇尚平等，化身为法律的使者维护社会秩序。

那么我们国家的第一位“律师”又是何时登上历史舞台的呢？

春秋时期，郑国的邓析被人们称为“春秋时期的律师”，他常以“讼师”的身份帮助民众打官司，因此有不少人将他看作中国律师的鼻祖。他独立编纂法律文书《竹刑》，向百姓普及法律知识，并公开讲学，招收门徒，教授法律知识和诉讼方法。

以身献法

春秋时期，随着社会的发展，法律意识首先在统治者们的脑中觉醒，郑国公卿公孙子产最先打破了“刑不可知，威不可测”的传统。公元前536年，子产将新制定的刑法《刑书》的条文铸在一个青铜鼎上，史称“铸刑书”，并颁布。这也是中国有史可考的第一部成文法，比古罗马的第一部成文法典《十二铜表法》大约早一个世纪。

邓析从社会公共利益和弱势群体的立场出发，为底层

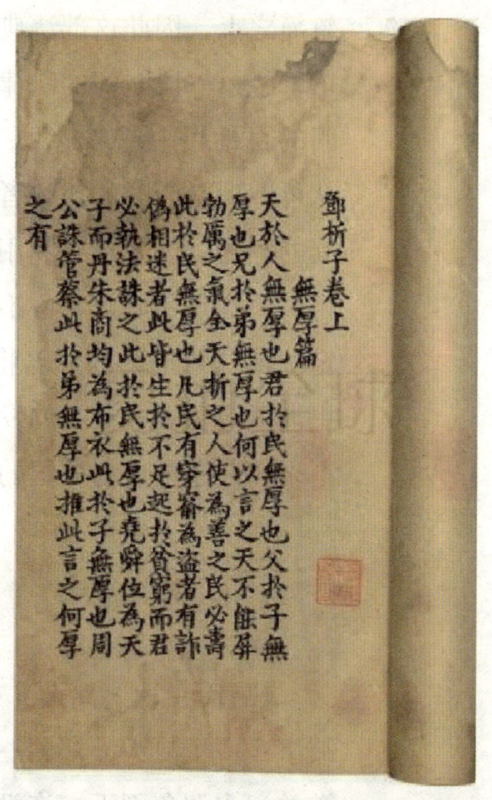
鄧析子卷上
無厚篇
天於人無厚也君於民無厚也父於子無
厚也兄於弟無厚也何以言之天不能屏
勃厲之氣全夭折之人使爲善之民必壽
此於民無厚也凡民有穿窬爲盜者有詐
僞相迷者此皆生於不足起於貧窮而君
必執法誅之此於民無厚也堯舜位爲天
子而丹朱商均爲布衣此於子無厚也周
公誅管蔡此於弟無厚也推此言之何厚
之有

《邓析子》书影

的百姓说话。作为第一个民间“律师”，邓析的收入很是微薄，大的复杂案件收一件外衣，小的案件则收一件短裤。当时拿着衣服和短裤前来求助或求学的人络绎不绝。除了帮别人打官司（诉讼代理）外，他还帮助别人出主意解决纠纷。此外，他还是一位优秀的法学教育家，公开讲学、招收学生，向人们讲解、传授当时的法律知识和诉讼技巧。他所开设的学校，采用的是案例教学法，通过对经典判例的分析并让学生在模拟审判中思考，以达到传授知识的目的。

除此之外，邓析对自身丰富的案件经验进行总结，自创了一部更为公正严谨的法律典籍。与郑国的《刑书》刻在青铜鼎不同，为了便于携带和传播交流，邓析将之刻在竹简之上，因此这部法典又被称为《竹刑》。

经过一段时间的法律普及，邓析的名气在各诸侯国之间的百姓当中越来越大，《竹刑》也越来越得到百姓们的认可，但是当时的执政者却认为《竹刑》中的内容有损贵族的利益，诬陷邓析利用逻辑推理的方法，投机取巧，使得民风变得刁顽，人心不古。因此，便以未经允许私自制定法律《竹刑》的罪名将邓析赐死。然而，《竹刑》却因更加适应历史和社会的发展而最终取代其他法律典籍留存下来，并逐渐成为各国的正式法律。

赎尸巧辩

《吕氏春秋·离谓》中记载了这样一个与邓析有关的故事：一个夏天，郑国一带地区连日暴雨，河水上涨，上游的河水湍急而下，淹没了大片村庄、田野，也把许多财物卷到了下游地带。下游两岸的人们都到河边去打捞漂流在水中的物件。

有个富人，家有万贯，却吝啬异常，喜欢贪小便宜。某天一大早，富人抢占了一块临河突出的石头，想发“洪水财”。见河水中漂来一块门板，喜不自胜，忙弯腰去捞，谁知一不小心竟掉进河中，还没来得及向周围的人呼救，便被河水淹死了。

富人的尸体被河边一个无赖捞上来了。这个无赖认得这是富人，觉得能靠富人的尸体赚钱，便把尸体拖回家，想借机向富人家属敲诈一笔钱。

第二天，富人的亲属闻讯找上门来领尸，无赖跷着二郎腿说：“要想领回尸体容易，不过需拿一千钱来。”富人家属想讨价还价，无赖恼怒地喊道：“不给一千钱，休想把尸体拖回去。”富人家属受到富人吝啬思想的熏陶，自然十分小气，不忍心花这么多钱买回尸体，只得扫兴而归。无赖怕富人家属夜里来偷尸体，索性将尸体绑起来，把绳子一头系在自己脚上。

邓析巧辩

再说，富人家属担心时间拖长后尸体腐烂，就去找邓析，请他出主意。邓析是个聪明人，觉得双方都不是好人，便想趁此惩戒两方。就安慰来人说：“你不用着急，那个得到尸体的人是必然要卖掉它的，因为留着也没用。”富人家属一听言之有理，便放心而归。

无赖听到这个消息，怕事有变卦，心里十分着急，也来求助于邓析。邓析也安慰他说：“你不用着急，这个富人的家属是一定会来买这具尸体的，否则可是极大的不孝了。”无赖听他说得不错，也放心而回。

结果富人家属等无赖低价卖尸体，无赖等富人家属原价买尸体。拖了几天，富翁的尸体腐烂得不像样子了，无赖一分钱也没捞到，富人家属也没有尸体能够安葬。于是双方都去告邓析巧言骗人。邓析说出给两方出主意的原话，办案的官员听完，觉得邓析说得合情合理，无可挑剔，于是大声喝道：“原告无理取闹，搅乱公堂，把他们拖下去各打三十大板！”就这样，邓析靠着自己巧妙的言语，既惩戒了贪小便宜之人，又使自己免于责罚。

故事里的邓析分别站在双方的立场进行分析的思想源于他的一个重要思想“两可说”。在正统观点看来，这是一种“以非为是，以是为非，是非无度”的诡辩论，但后世看来，这反映出邓析已经具有了相当完整的朴素辩证观念。

职业规范

邓析站在民间百姓的立场，为弱势群体寻求公正的精神一直延续了下来，到了明清时期，状师已经成为一种专门的职业，他们不仅为统治阶级服务，也为需要帮助的百姓进行诉讼，直到进入中华民国之后，古代的“状师”“讼师”才被律师制度所取代。这个过程中，律师的职业规范也在不断完善。

清代《清稗类钞·狱讼》中就曾经提及“讼师有三不管”原则：“刀笔可为，但须有三不管耳。一，无理不管。理者，讼之元气，理不胜而讼终吉者未之前闻。二，命案不管。命案之理由，多隐秘繁，恒在常情推测之外，死者果冤，理无不报；死者不屈，而我使生者抵偿，此结怨之道也。三、积年健讼者为讼油子，讼油子不管。彼既久称健讼，不得直而乞援于我，其无理可知，我贪得而助

延伸思考

你认为成为一名合格的律师应该具备哪些基本条件？

《清稗类钞》书影

图说

《清稗类钞》是关于清代以及之前各朝各代典故遗闻的汇编，由清末民初徐珂编撰。从清人、近人的文集、笔记、札记、报章、说部中，广搜博采。全书分92类，13500余条。书中涉及内容极其广泛，举凡军国大事、典章制度、社会经济、学术文化、名臣硕儒、疾病灾害、民情风俗、古迹名胜，几乎无所不有。

无理，是自取败也。”流传民间的《讼师秘本》也告诫讼师：“凡作状词之人，甚不可苟图一时润笔之资，坑害生灵。致两家荡产倾家，大小惊慌不宁。眼前虽得钱度活，而自己方寸有亏，阴骘损坏。”可以说，古代讼师随着时代的发展，职业规则也越发严谨规范。

 成语

金科玉律

金、玉，比喻贵重；科，指法律条文；律，法律，规则。原形容条律法令的尽善尽美。现指必须遵守的、不可变更的条规。

诗文链接

寄卢仝（节选）

唐·韩愈

少室山人索价高，两以谏官征不起。
彼皆刺口论世事，有力未免遭驱使。
先生事业不可量，惟用法律自绳己。
春秋三传束高阁，独抱遗经穷终始。

古文学的典范《诗经》

《诗经》书影

《诗经》是我国最早的一部诗歌总集，收集和保存了古代诗歌305首，6首只存篇名而无诗文的“笙诗”。佚名原作，传说为尹吉甫采集、孔子编订。

《诗经》内容丰富，反映了劳动与爱情、战争与徭役、压迫与反抗、风俗与婚姻、祭祖与宴会，甚至天象、

命諸皇子及樂部大
臣定詩經全部樂
譜諭
朕向披閱明朱載堉
樂律全書所載樂譜
內填注五六工尺上
等字並未兼注宮商
角徵羽而於雅頌烝
民思文諸詩以時俗
豆葉黃等牌名小令
分譜未免援古而入
於俗又所著琴譜一
絃之內用正應和同
四聲長至十六彈不
勝其冗而一音之中
已有抑揚高下是徒
至數聲此乃時俗伶
優所為正古人所譏
煩手之音未足與言
樂也從前朕親定中
和韶樂細繹
皇祖欽定律呂正義
考訂精審皆主一字一
音實為古樂正聲永
朱載堉樂律全書內
疏漏歧誤之處詳晰
訂正分列各條載於
本書提要之後以垂
譜定者朱載堉所譜
又復襍以俗調或自
行杜撰不可為訓所
當詳加訂正叶之宮
商俾操縵安絃之士皆
得矢詩遂歌更足以昭
復古著派皇子等會同
樂部大臣悉心精核其
當遵守現在朝會大
典鐘虡鏗鏘備極莊
雅朕前於經筵之典
令歌抑戒之詩於瓊
林鷹揚兩宴令歌棫
樸干城之詩皆親為
指定而三百篇全詩
三代而後未有全行
詩篇內應用某宮某
調者俱著詳審文義
定為某宮調仍於各
譜駢注七音字様彙
成一書俾四始六義之
文皆可歌詠分村節
度悉符正始元音庶
幾考古而益進於古
於簡端亦不必重為
之序矣特諭
乾隆丁未孟冬月
御筆

1787年乾隆御笔命诸皇子及乐部大臣定《诗经》全部乐谱谕

地貌、动物、植物等方方面面，是周代社会生活的一面镜子。先秦称《诗经》为“诗”，或取其整数称“诗三百”“三百篇”。西汉时被尊为儒家经典，才称为《诗经》并沿用至今。

诗经源流

说到中国古代的文学，首先应该提起的是《诗经》，在有史记载的文学作品中，它产生时代最早，并且取得了十分突出的成就。《诗经》中大量的创作方法成为后世中国文学的基本原则。

《诗经》又称《诗》，它一共有305首，所以后世又常常将其称作“诗三百”。从时代上看，它包括了从公元前11世纪到公元前6世纪这500多年的作品。从地域上看，它包括产生于黄河等流域的作品，即今天的甘肃、陕西、山西、山东、河南、河北等省的一些地方。

《诗经》一共由三大部分组成，即“风”“雅”“颂”。“风”主要是地方民歌，一共15“国风”，有160篇，这里集中了《诗经》中大多数优秀的篇章。“雅”主要是宫廷的歌曲，有“大雅”和“小雅”之分，一共有105篇。而“颂”是庙堂祭祀的歌曲，由商颂、鲁颂和周颂三部分组成，它们主要是一种伴舞的祭歌。

我们今天的诗歌是不需要合乐的，但是在上古时代

当代·冯远《诗经画意》（局部）

图说

《诗经》内容丰富，反映了劳动与爱情、战争与徭役、压迫与反抗、风俗与婚姻、祭祖与宴会，甚至包括天象、地貌、动物、植物等方方面面，是周代社会生活的一面镜子。

诗、乐、舞这三者不分，诗歌一般是合乐的歌词。《诗经》都是可以合乐的，可以供给人们演唱。《诗经》的编辑，倒是一件很不容易的事。上古社会有重视诗乐的习俗，统治阶级往往通过一些民歌、乐舞来体察民风。当时有一种专门负责采集诗歌的人，他们分布在全国各地，搜集民间诗乐，将其整理起来，最后交给最高统治者。

当时所采集的诗歌不止这些，采诗官搜集上来的诗很多，传说这些诗歌流传到孔子的时代，孔子亲自整理这些诗歌，从这些诗歌之中选择那些最符合他的道德思想的编辑成册，这就是今天的《诗经》。

孔子在教诲其众多弟子时反复强调《诗经》的重要性。

《论语》中说："诗三百，一言以蔽之，曰：'思无邪'。"意思是《诗经》300多篇的古诗歌谣，其精神可用一句话概括：思想纯正毫无邪念！为何孔子对《诗经》有如此高的评价？就因为《诗经》拥有刚健质朴的现实主义精神，用优美、真诚的旋律与音调，直接反映人民最真实的心声、传达民众最朴素的精神与诉求，同时歌谣相传反过来又能教化民众百姓自身，这是所有弟子们必须首先应该了解和学习的。只有了解各阶层——特别是民众最根本的情感、精神状态与民生诉求，才知道学习的最终目的与动力所在，才能为国家效力。这与孔子一贯倡导的"学以致用"思想一脉相承。

上古史诗

《诗经》中有大量的诗歌反映了民间的疾苦，如《硕

清铜质局部鎏金诗经印章

鼠》一诗中写道："硕鼠硕鼠，无食我黍！三岁贯汝，莫我肯顾。"（大老鼠啊，大老鼠，你不要再吃我的黍，我整天服侍你，但是你却毫不考虑我）表现了人民对统治阶级的憎恨。在战乱频发的时代，民生涂炭，人民受尽了苦难。

清·吴大澂《诗经·行苇》（篆书）

中华民国邮票《诗经》一套

《诗经》中就有不少描写战争的诗歌，如《采薇》，诗中写道："昔我往矣，杨柳依依；今我来思，雨雪霏霏。"表现了战争的漫长以及离人的思念。《诗经》中有不少描写爱情的诗写得非常生动，如《诗经》中的第一首《关雎》："关关雎鸠，在河之洲。窈窕淑女，君子好逑。"有一类诗表现了妇女的悲惨命运，读起来令人不能平静，如《氓》一诗中通过一个妇女出嫁前后的对比，来表现社会对于妇女的摧残。她嫁到夫家之时，是一位青春美貌的女

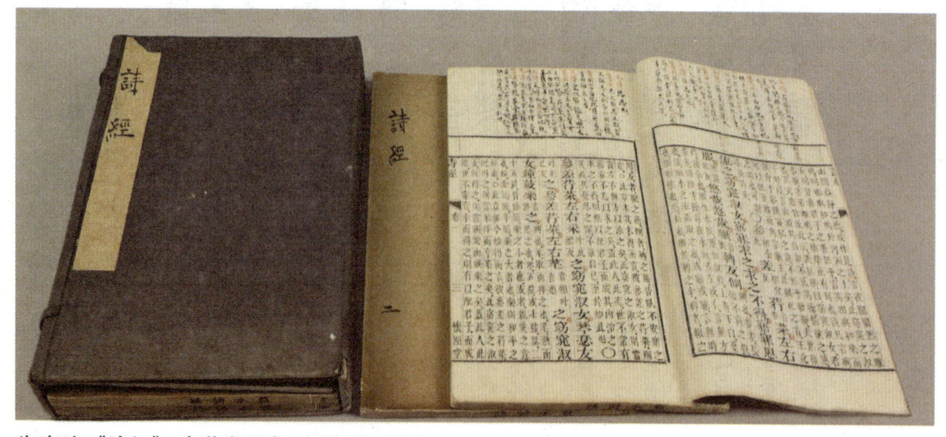
朱熹注《诗经》清道光八年（1828）刻本

孔子

图说

孔子在古代被尊奉为“天纵之圣”“天之木铎”，是当时社会上的最博学者之一，被后世统治者尊为孔圣人、至圣、至圣先师、大成至圣文宣王先师、万世师表。其儒家思想对中国和世界都有深远的影响，孔子被列为“世界十大文化名人”之首。

孩，诗中用桑树做比喻：“桑之未落，其叶沃若。”在夫家的三年中，她过着非人的生活，不但要承担家中所有的家务，而且还要下地劳动，丈夫没完没了地打她，这使她丧失了生活的信心。三年以后她又来到家乡的那条河时，不禁心潮澎湃，看到自己的倒影，虽人不老但面已黄，诗中写道：“桑之落矣，其黄且陨。”

《诗经》在艺术表现手法上，普遍采用赋、比、兴的方法。所谓赋，也就是直接描写，鲜活生动。所谓比，就是比喻，《诗经》中大量采用比喻的方法，读起来含义深远，回味无穷。所谓兴，就是起头。《诗经》中用语非常生动，如描写人睡不着觉用“辗转反侧”来表示，用“涕泗滂沱”来描写人痛哭的样子，用“所谓伊人，在水一方”描写可望而不可即的思念心情。这些描写含义隽永，促进了中国文学的发展。

延伸思考

你知道哪些《诗经》中的著名诗歌？

辗转反侧

身体翻来覆去；反侧，反复。形容心中有事，翻来覆去，睡不着觉。

诗经·蒹葭

蒹葭苍苍，白露为霜。所谓伊人，在水一方。
溯洄从之，道阻且长。溯游从之，宛在水中央。
蒹葭萋萋，白露未晞。所谓伊人，在水之湄。
溯洄从之，道阻且跻。溯游从之，宛在水中坻。
蒹葭采采，白露未已。所谓伊人，在水之涘。
溯洄从之，道阻且右。溯游从之，宛在水中沚。

知识渊博　文采斐然　意义深远

同时代不同命运的初唐四杰

江西南昌的滕王阁

初唐四杰，是指中国唐代初年，文学家王勃、杨炯、卢照邻、骆宾王这四个人的合称，简称“王杨卢骆”。这四个人齐名，原并非指其诗文，而主要指骈文和赋而言，而后主要用以评其诗。在当时，四杰的诗文虽未脱齐梁以来的绮丽余习，但已初步扭转文学风气。同时他们也为五言律诗奠定了基础，并且使七言古诗发展成熟。

在初唐四杰中，大多数人都认为王勃的文学成就高于其他三人，并以此把王勃当作初唐四杰之首，王勃明确反对当时的“上官体”，“思革其弊”，得到卢照邻等人的支持。他们的诗歌扭转了唐代以前萎靡浮华的宫廷诗歌风气，把诗歌的题材扩大了，由风花雪月、亭台楼阁到江河山川、边塞大漠。陆时雍《诗镜总论》说：“王勃高华，杨炯雄厚，照邻清藻，宾王坦易，子安其最杰乎？调入初唐，时带六朝锦色。”这段话给予初唐四杰很高的评价，并把四杰各自的特点也交代了出来。初唐四杰是初唐文坛上新旧过渡时期的杰出人物。

王勃——天才的“初唐四杰”之首

九月九日重阳节，都督阎伯屿在滕王阁大宴宾客。为了让自己的女婿在宾客面前显示才华，早就嘱咐他构思一篇序文，到时拿出来，又使人觉得是即席之作。

宴会开始，阎伯屿谦恭地拿着纸笔，一个一个地请客人写序文，而客人都谢辞了。轮到最后一个客人，是小小年纪的王勃，阎伯屿料想也不敢来接纸笔，但仍然把纸笔送了过去，颇显都督的“风度”。王勃却毫不客气地接过了纸笔。阎伯屿一愣，但又莫可如何，然后满脸愠色地借口上厕所离开了宴会厅，私下则叫属官观察动静，随时通报情况。每一次上报，语言都更加奇特，阎伯屿倏地站了起来:“天才！天才！他的文章可以传世了。”

王勃雕像

图说

王勃（约650—约676），字子安，汉族，唐代文学家。古绛州龙门（今山西河津）人，出身儒学世家，与杨炯、卢照邻、骆宾王并称为“王杨卢骆”“初唐四杰”。他自幼聪敏好学，据《旧唐书》记载，他六岁即能写文章，文笔流畅，被赞为“神童”。王勃在诗歌体裁上擅长五律和五绝，代表作品有《送杜少府之任蜀州》等。主要文学成就是骈文，无论是数量还是质量，堪称一时之最，代表作品有《滕王阁序》等。

最终，王勃给后人留下了《滕王阁序》这一千古名篇。

恃才倨傲的杨炯

杨炯性情耿直，恃才倨傲。他当官时，看不惯官场上某些官员趾高气扬、矫揉造作的作风，故而讥讽一些伪善的朝官为“麒麟楦”。他说：“每见朝官，目为麒麟楦。”人家听到他说这句话便问他，怎么像麒麟楦呢？他回答说，这些官员就像戏里的麒麟，但实际只不过是一头驴子，画着头角，修饰皮毛，看起来像麒麟，一旦脱了马甲，把装饰的物品拿掉的话，它还是一头驴子。杨炯觉得这话讽刺那些官员不过瘾，于是又补了一句话，说那些没

杨炯雕像

有德行学识的官员，他们身披着朱紫色的朝服，和驴身覆盖麒麟皮，又有什么区别呢？他的这些言论被当朝官员所记恨。

命运多舛的卢照邻

卢照邻小的时候非常聪明，长大后博学能文，得到赏识，获得提升，他的官位一直做到都尉。高宗永徽五年（654），卢照邻为邓王李元裕府典签，甚受器重，邓王曾对人说：“此吾之相如（司马相如）也。”高宗乾封三年（668）初，卢照邻调任益州新都（今四川成都附

卢照邻画像

近）尉。但是因为他身患“风疾”（小儿麻痹症或麻疯病），因此不得不退职。

虽然他辞官后还试图做门客，但他的病越来越严重，导致双脚萎缩，一只手也残废了。此后他买了几十亩地来养老，但终因疾病的痛苦，决定与亲属道别，投颍水自杀。由于卢照邻投江自尽的同一年，他的师父孙思邈逝世，于是也有人认为，卢照邻是为了追随他的师傅而去的。

七岁咏鹅——骆宾王

延伸思考

你还知道哪些“初唐四杰”的诗歌呢？把它们背下来吧。

骆宾王年少才高，从小就十分喜爱文学。他善于从一个孩子的角度去观察事物，抓住事物的特征，以此去描绘。他童年时的诗歌，天真率直，很富灵性，素来脍炙人口。

骆宾王7岁时，来到家门前的小河边玩耍，他看到了一群大白鹅。它们有着雪白的羽毛，长长的脖子，就像几位绅士在河面上悠游自在地游着。在青枝绿叶般的水里，红红的鹅掌，慢慢地拨动着清亮的水波。突然，一只鹅伸长脖子，脆亮地叫了一声“鹅”，紧接着其他的鹅也都对天歌唱起来，骆宾王看到此情此景，内心怦然一动，他凝神地注视着鹅群，脱口吟出了一首四句诗：“鹅，鹅，鹅，曲项向天歌。白毛浮绿水，红掌拨清波。”

反复吟诵这首诗，不仅会在眼前浮现出一幅多彩的画面，而且仿佛可以听到美妙的声音：孩子的唤鹅声，以及鹅引颈高歌声、戏水声。

骆宾王雕像

图说

骆宾王（约638—684），字观光，汉族，婺州义乌（今浙江义乌）人，唐代诗人。骆宾王与王勃、杨炯、卢照邻合称“初唐四杰”。他辞采华丽，格律谨严。长篇如《帝京篇》，五七言参差转换，讽时与自伤兼而有之；小诗如《于易水送人》，20字中，悲凉慷慨，余情不绝。有《骆宾王文集》遗世。

骆宾王墓

诗文链接

在狱咏蝉

唐·骆宾王

西陆蝉声唱，南冠客思侵。
那堪玄鬓影，来对白头吟。
露重飞难进，风多响易沉。
无人信高洁，谁为表予心。

诗文革新运动的领袖欧阳修

江西永丰欧阳修纪念馆

欧阳修在北宋政治史和文学史上占有不可忽视的地位，在政治领域颇有功绩，他最高时官职翰林学士、枢密副使、参知政事，去世后谥号“文忠”，世称其为“欧阳文忠公”；在文学领域，他领导了北宋的诗文革新运动，主张“文道并重”，提出了“诗穷而后工”的诗歌理论，

欧阳修

图说

欧阳修（1007—1072），字永叔，号醉翁，晚号六一居士，汉族，吉州永丰（今江西省吉安市永丰县）人，北宋政治家、文学家，且在政治上负有盛名。

改革当时做诗、写词、著文的风气，因其成就，后世将其与韩愈、柳宗元、苏轼、苏洵、苏辙、王安石、曾巩合称“唐宋八大家”，并与韩愈、柳宗元、苏轼被后人合称“千古文章四大家”。他还主持修编了《新唐书》，撰写了《新五代史》等史学著作，传世有《欧阳文忠公集》。

少年得志

欧阳修是与范仲淹同期的杰出的文学家和史学家，被称为唐宋散文八大家之一，在历史上享有很高的声誉。他之所以能取得那么高的成就，与他早年受到母亲良好的教育是分不开的。

醉翁亭

图说

醉翁亭位于安徽省滁州市西南琅琊山旁，名列四大名亭之首，始建于北宋庆历七年（1047），由唐宋八大家之一欧阳修命名并撰《醉翁亭记》一文而闻名遐迩。

欧阳修年幼的时候，父亲就病逝了。孤儿寡母，生活难以维持。母亲就带着他去了随州（今湖北随县），依靠他叔父过日子。欧阳修的母亲郑氏出身江南名族，受过很好的教育。她肩负着生活的重担，把全部的理想和期望都寄托在欧阳修身上。由于太贫穷，买不起纸墨，郑氏就用芦荻做笔，在沙地上写字教儿子认，这就是“画荻教子”的故事。欧阳修在母亲的精心教养下，养成了勤奋好学的习惯。十岁的时候，欧阳修就常常到附近藏书多的人家去借书，反复吟诵。有一次，欧阳修在一李姓人家借书，发现废纸篓里有一本旧书，拿出来一翻，原来是唐代文学家韩愈的文集，就向主人要了来，带回家细心阅读。

宋代初年，人们写文章，大都只追求辞藻的华丽、句和句的对称，却不顾文章的内容空洞，而韩愈的文中那透彻的说理、流畅的文笔，使欧阳修越读越觉得意犹未尽，连吃饭、睡觉都忘了。他一边反复诵读，一边认真琢磨，努力学习“韩文”的风格。欧阳修继承了韩愈古文运动的精神，在散文理论上，提出文以明道的主张，大力提倡简而有法和流畅自然的文风。

“唐宋八大家”石雕

图说

“唐宋八大家”，又称“唐宋古文八大家”，是唐代韩愈、柳宗元和宋代苏洵、苏轼、苏辙、王安石、曾巩、欧阳修八位文学成就极高、对后世文学发展有深远影响的散文家的合称。其中，韩愈、柳宗元是唐代古文运动的领袖，欧阳修、“三苏”等四人是宋代诗文革新运动的核心人物，王安石、曾巩是临川文学的代表人物。“唐宋八大家”的称谓最早出现于明初朱右所编的《六先生文集》。

文坛清流

欧阳修二十岁出头的时候，被推举到西京（今河南洛阳）做留守推官，当了西京留守钱惟演的助手。钱惟演手下有不少幕僚，都很会写文章。有一次，钱惟演新盖了一座别舍，竣工之后，就请了3个幕僚，各写一篇文章来记述建房的事，欧阳修也在被邀请之列。过了一天，3个人的文章都写好了。钱惟演就让大家互相传看、评议。3篇文章，一篇700多字，一篇300多字，欧阳修的是500多字，大家都认为300多字的那一篇最好，不仅文字精练，而且叙事清晰，结构严谨。写这篇文章的人叫尹师鲁，欧阳修读了他的文章，十分佩服。到了晚上，他就带上酒，专门去拜访尹师鲁，向他请教写作的心得。两人一边喝酒，一边讨论文章的写法，谈得十分投机，尹师鲁对欧阳

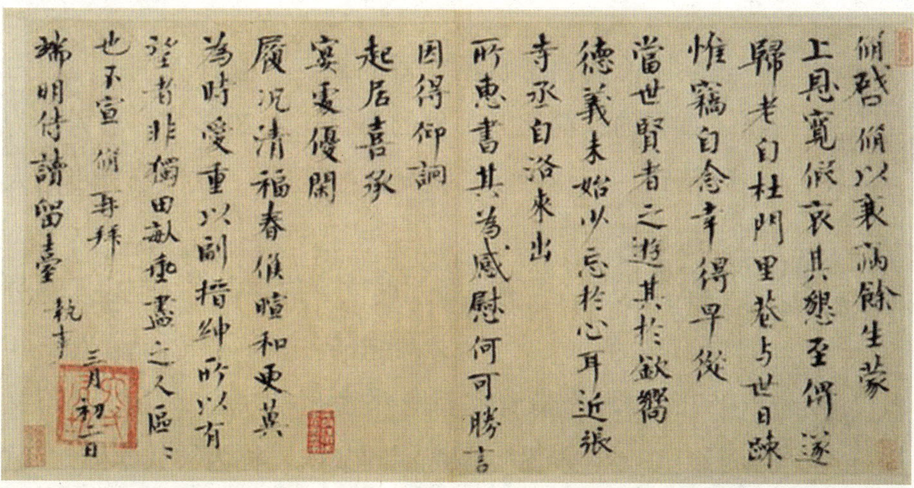
脩啓脩以衰病餘生蒙
上恩寬假哀其懇至俾遂
歸老自杜門里巷與世日疏
惟竊自念幸得早從
當世賢者之游其於欽嚮
德義未始少忘於心耳近張
寺丞自洛來出
所惠書其為感慰何可勝言
因得仰詢
起居喜承
寢處優閑
履況清福春候暄和更冀
為時愛重以副搢紳所以有
望者非獨田畝垂盡之人區區
也不宣脩再拜
端明侍讀留臺執事
三月初二日

宋·欧阳修《致端明侍读留台执事尺牍》

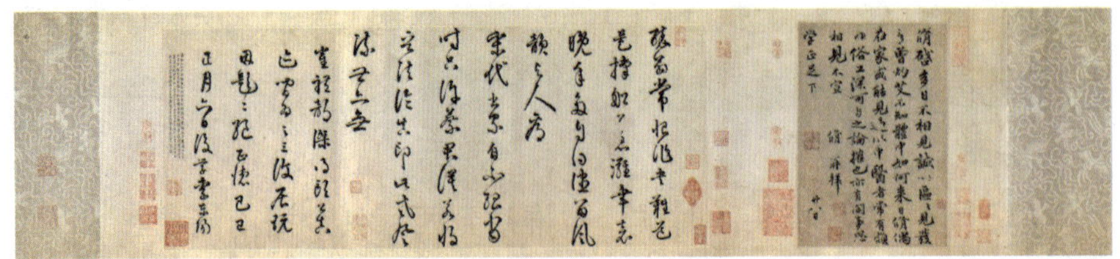

宋·欧阳修《灼艾帖》

图说

此帖是欧阳修给长子欧阳发的信，“灼艾”指的是“针灸”，《灼艾帖》的内容讲的是欧阳修长子欧阳发曾经接受过中医的艾灸治疗，欧阳修认为这是一门值得研究的学问，便写此信告知儿子。苏轼评价欧阳修的书法：“用尖笔干墨作方阔字，清眸丰颊，进退晔如。”欧阳修书法端庄劲秀，既露锋芒又顿挫有力，如宋代文人黄庭坚所说的“于笔中用力，乃是古人法”。

修说：“你的文章写得不错，只是格调不高，空话多了些。”

欧阳修明白了自己文章的缺点，立即动手重写了一篇。重写的这篇比尹师鲁的那篇还少20多字，显得更为清晰精致。尹师鲁非常钦佩，称赞道：“欧阳修进步惊人啊，简直是一日千里。”

延伸思考

你学过哪些欧阳修的作品？跟大家分享一下。

早在宋初，便有人反对时文，倡导古文，但由于这种创作成就不大，因而未能扭转这种风气。嘉祐二年（1057）欧阳修借着主持科举考试的机会，力图改革文风。当时士子崇尚险怪奇涩的文章，称为“太学体”。欧阳修在录取进士时，凡是写这类文章的士子都被他黜落

欧阳修故里江西永丰

了，反而选拔了一些识实的人才。苏轼、苏辙、曾巩都是在这次考试中入选的。当时已是文坛主力军的欧阳修慧眼识人，看见苏轼的应国文章，非常惊叹，说他是“异人”，并对人说：“我应该让路，让他出头。”他在滁州的时候，看见王安石的文章，叹息说：“如果不让这样的文章光耀于世，就是我们的耻辱。”苏洵刚到京城时，欧阳修看了他的文章后，到处赞扬他，并向朝廷举荐，使原来默默无闻的苏洵、苏轼、王安石等很快闻名全国，并最终都成为北宋有名的文学家。

在欧阳修的领导下，加上梅尧臣、苏舜钦、王安石、苏辙、曾巩等人的共同努力，北宋的古文运动取得了巨大的胜利。他们以各自内容充实、流畅自然的诗文为古文运动奠了坚实的基础，扫荡了“太学体”，使文学创作向着

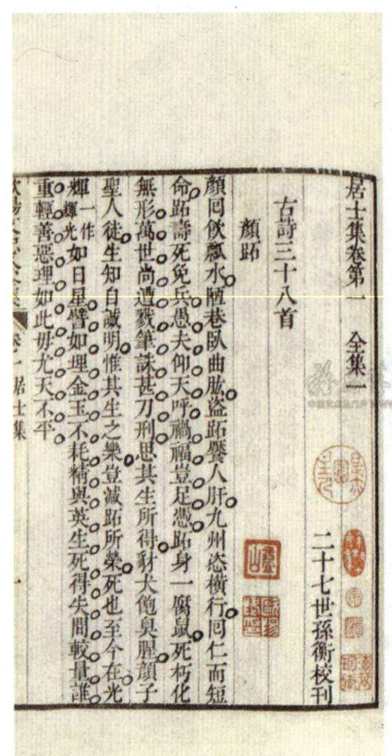

居士集卷第一　全集一

古詩三十八首

顏跖

顏回飲瓢水，陋巷臥曲肱。盜跖饜人肝，九州恣橫行。回仁而短命，跖壽死免兵。愚夫仰天呼，禍福豈足憑。跖身一腐鼠，死朽化無形。萬世尚遺戮，筆誅甚刀刑。思其生所得，豺犬飽臭腥。顏子聖人徒，生知自誠明。惟其生之樂，豈減跖所榮。死也至今在，光輝（輝一作光）如日星。譬如埋金玉，不耗精與英。生死得失間，較量誰重輕。善惡理如此，毋尤天不平。

二十七世孫衡校刊

《欧阳文忠公集》书影

健康的方向发展。其中，欧阳修就是这场运动的主帅。

成语

一日千里

原形容马跑得极快。现形容发展极其迅速，进步非常快。

诗文链接

浪淘沙·把酒祝东风

宋·欧阳修

把酒祝东风，且共从容。垂杨紫陌洛城东。总是当时携手处，游遍芳丛。

聚散苦匆匆，此恨无穷。今年花胜去年红。可惜明年花更好，知与谁同？

屈原与《离骚》

《离骚》行书

据《史记·屈原贾生列传》记载，屈原是春秋时期楚怀王的大臣。其因倡导举贤授能、富国强兵、联齐抗秦等政策而遭到当时贵族们的强烈反对，屈原遭馋去职，被赶出了都城，并被流放到沅和湘流域。他在被流放的情况下，写下忧国忧民的《离骚》《天问》《九歌》等不朽诗篇。公元前278年，秦军攻破了楚国京都，屈原始终不忍舍弃自己的祖国，于五月初五在写下绝笔作《怀沙》之后，抱石投汨罗江身死。

传说屈原死后，楚国百姓哀痛异常，纷纷涌到汨罗江边去凭吊屈原。渔夫们划起船只，在江上来回打捞他的尸体。他们争先恐后，追至洞庭湖时便不见踪迹。之后每年农历五月初五人们便划龙舟以纪念屈原。借划龙舟驱散江中之鱼，以免鱼吃掉屈原的身体。

不染凡尘

公元前318—前278年之间，有一位伟大的诗人出现在当时的文坛和政治舞台上，他就是屈原，屈原大约诞生于公元前340年，楚国人，名平，字原。

屈原正式踏上政治舞台大概是公元前318年。22岁的他成为左徒（汉次于丞相）。当时，楚怀王不失为一位明

湖南汨罗屈子祠镇的屈子祠

明·文徵明《离骚经》(局部)

君，他深感时弊之误国，大胆任用屈原，以实现楚国的统一大业。屈原对内积极辅佐怀王变法图强，对外坚决主张联齐抗秦，使楚国一度出现了国富兵强、威震诸侯国的局面。

随着楚国政治日趋腐败，世风日下，楚怀王也变得昏懦，为奸臣所包围，听信谗言，将屈原降职，其后屈原又

屈原故里湖北宜昌

屈原墓邮票

被放逐到汉北（今湖南省东北部汨罗县）一带。

楚国都城郢都被秦国占领的消息传来，屈原伤心若死。他披头散发地游荡到了汨罗江边，一边吟唱着诗歌一边行走。有一个在江边的渔夫看到屈原形容憔悴，身如枯槁，于是好奇地问他："您不是屈原大夫吗？为什么衣冠不整地来这里？发生什么事了吗？"

屈原回答道："众人皆醉我独醒，整个朝堂都是昏庸不堪的，只有我一个人是清白的。他们不愿听见正确的声音，所以我被流放到这里了啊。"

渔夫追问说："我听说古时候的圣人，外界的事物不能影响束缚他，他融入世俗之中随着世俗的变动而变化。如果朝堂之上都是昏聩不智之人，为什么不隐于众人而要出来反对所有人呢，为什么不随波逐流呢？为什么一定要洁身于淤泥之中，显耀于污秽之上，却使得自己遭受不应该承受的流放呢？"

屈原正色道："对我来说，我宁可远离那混沌的庙堂也不能忍受与他们同流合污。哪怕要投入这汨罗江中葬身鱼腹，我也不愿让自己的品德沾染上不洁的污垢。”于是屈原就怀抱石头，纵身投向了汨罗江。

端午由来

屈原曾写下许多作品，其中回顾了他参与变法和遭到排斥打击时的情景，抒发了苦闷矛盾的复杂感情，表现了一个伟大爱国者的胸襟。

延伸思考

屈原身上有哪些优秀品质值得我们学习？

公元前278年，屈原的祖国再次遭受秦军铁蹄践踏。曾几何时，楚国民富国强，文化绚烂，如今则满目疮痍，

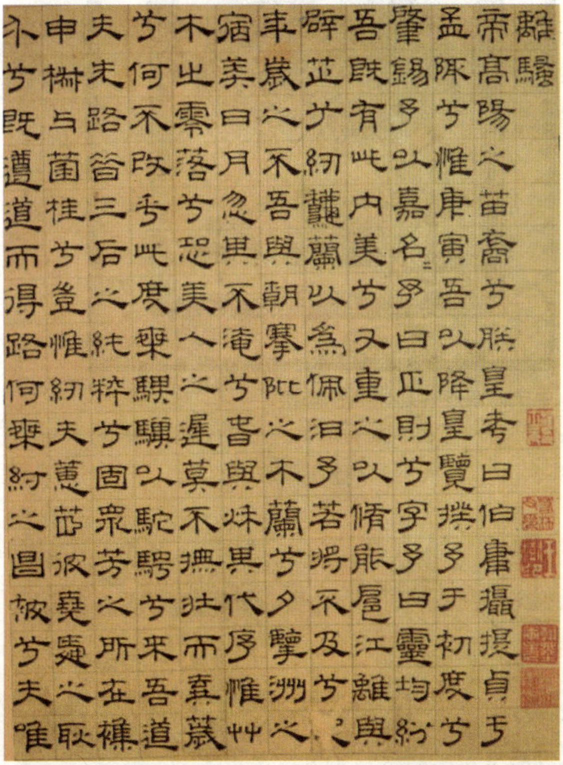

元・吴睿《离骚》（局部）

国破家亡。前途茫茫，贫病夹击，才华横溢的伟大爱国诗人屈原，始终不肯与邪恶势力同流合污，随波逐流，苟且偷生，背离国土，最终投汨罗江自尽，那是公元前278年五月初五日。

附近人得到这个消息，都划着小船去找屈原的尸体。可一片汪洋，无处可见。大伙儿在汨罗江上找了很久，也

中国邮政发行屈原画像邮票

图说

屈原是中国历史上第一位伟大的爱国诗人，中国浪漫主义文学的奠基人，“楚辞”的创立者和代表作者，开辟了“香草美人”的传统，被誉为“中华诗祖”“辞赋之祖”。屈原的出现，标志着中国诗歌进入了一个由集体歌唱到个人独创的新时代。

端午节·赛龙舟

图说

赛龙舟是中国端午节的习俗之一，也是端午节最重要的节日民俗活动之一，在中国南方地区普遍存在，在北方靠近河湖的城市也有赛龙舟习俗，而所常见的是划旱龙舟舞龙船的形式。

没有找到屈原的尸体。渔夫很难受，他对着江面，把竹筒子里的米撒到了江里。到了第二年五月初五那一天，当地的百姓知道这是屈原逝世一周年的日子，又划船用竹筒子盛了米撒到水里去祭祀他。后来，他们又把盛着米饭的竹筒子改为粽子，划小船改为赛龙船。这种纪念屈原的风俗据说就是这样来的。人们也把每年农历五月初五称为端午节。

屈原不仅是一位伟大的爱国者，还是一位杰出的诗人，《离骚》就是他的代表作。这首诗一共373句，近2500字，是我国古代文学史上最伟大的抒情长诗，是作者充满激情的忧愤之作。

屈原辞赋的内容始终贯穿着爱国主义的思想情怀，表达了“吾将上下而求索”的献身精神和追求美好理想的信念。屈原对社会的深刻思考和高尚的道德情操，把爱国主义提升到一个全新的精神境界，而这正是中华民族优秀传统的重要内容，它不断教育和激励着后人。屈原爱祖国、爱人民、坚持真理、宁死不屈的精神和他“可与日月争辉”的巍巍人格，千百年来感召和哺育着无数中华儿女。2000多年来，每逢端午节，人们都要纪念他。1953年，屈原被列为世界文化名人，为全世界所纪念和敬仰。

绝　句

唐·纹绣

节分端午自谁言，万古传闻为屈原。
堪笑楚江空渺渺，不能洗得直臣冤。

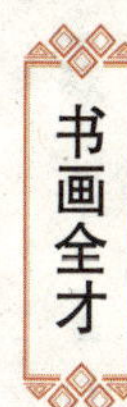

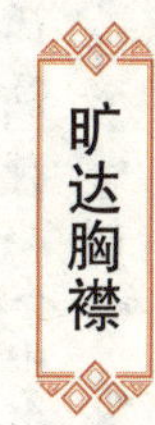

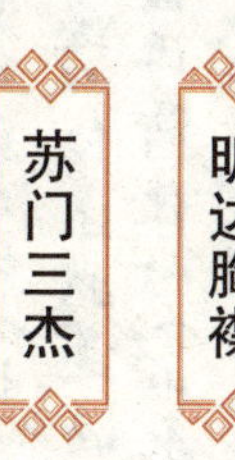

东坡居士

苏东坡石雕

苏轼（1037—1101），字子瞻，又字和仲，号铁冠道人、东坡居士，世称苏东坡、苏仙。汉族，眉州眉山（今属四川省眉山市）人，祖籍河北栾城，北宋文学家、书法

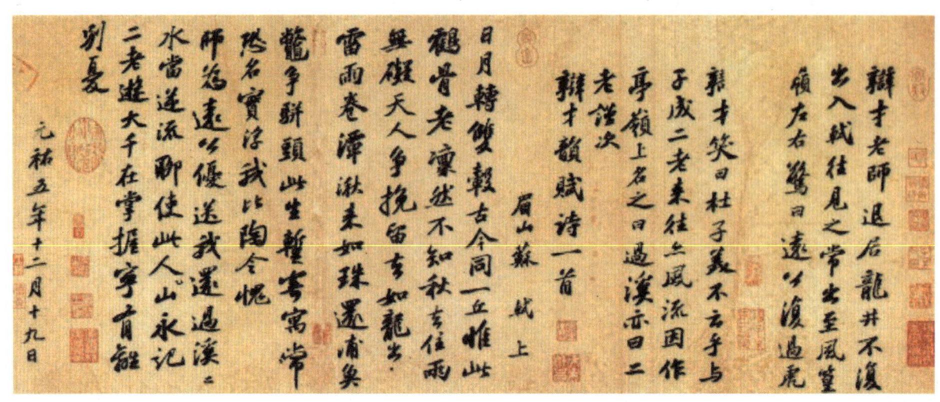

宋·苏轼《次辩才韵诗帖》

家、画家。嘉祐二年（1057），苏轼进士及第。宋神宗时期曾在凤翔、杭州、密州、徐州、湖州等地任职。元丰三年（1080），因“乌台诗案”被贬为黄州团练副使。宋哲宗即位后，任翰林学士、侍读学士、礼部尚书等职，并出知杭州、颍州、扬州、定州等地，晚年因新党执政被贬惠州、儋州。宋徽宗时获大赦北还，途中于常州病逝。宋高宗时追赠太师，谥号“文忠”。

出人头地

宋有“三苏”，即“唐宋八大家”中的苏洵、苏轼、苏辙。苏轼号称“东坡居士”，在群英荟萃的古今文坛上，是文名盖世、独领风骚的旷代奇才。

苏轼，字子瞻，卒后追谥文忠。苏轼诞生于眉州县（今分属四川）的一个书香世家。他20岁刚出头，他的父亲苏洵带着他和弟弟苏辙到京城去考进士，当时的主考官为欧阳修。第一场考试下来，他在阅卷的时候，看到一篇文章，高兴得拍案叫好。

由于考卷是密封的，上面没有考生的名字。欧阳修觉得，能写出这样精彩文章的人，一定是一个文坛能手。京城里有点名气的文人，欧阳修多少了解一些，他猜想了一下，觉得从文章的风格看，很可能是他的门生曾巩写的。欧阳修怕人们说他偏袒曾巩，于是就把这篇文章评为第二。

直到发榜的那天，欧阳修才知道，写出那篇精彩文章的人不是曾巩，却是刚到京城的青年考生苏轼。苏轼考取以后，照例要去拜见主考老师欧阳修。欧阳修与他交谈之后，觉得他气度大方，才华出众，打心眼儿里喜欢苏轼。欧阳修对梅尧臣说："此人是当今奇才，我应当回避，放他出人头地。请大家记住我的话：三十年后没有人会再谈起我！"当时，欧阳修文名满天下，全国士子的进退之权也全操于欧阳修一人之手，欧阳修这么一句话，苏轼之名顷刻间传遍全国。"出人头地"这一成语，也就是从这里来的。

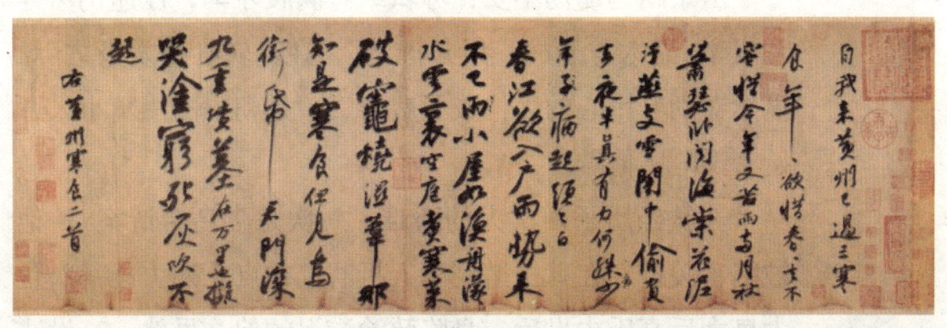

宋·苏轼《黄州寒食诗帖》（局部）

杭州苏东坡纪念馆

宦海沉浮

苏轼的政治生活与时代紧紧连在一起，他职务的变迁，是随时代的变迁而变迁。造成苏轼忽上忽下的根本原因在于他碰巧赶上了北宋朝廷走马灯似的政权更迭。在他做官的40年中，一共经历了仁宗、曹太后、英宗、太皇太后高氏、哲宗、向太后、徽宗等7次政权更迭。

由于朝廷动荡不安，苏轼纵有满腹才华，仕途仍然异常艰辛。“木秀于林，风必摧之”，在苏轼红得发紫之际，显然对别有用心的人构成了威胁，于是朝中的一窝小人开始密谋陷害他。

苏轼经历了两次大的磨难，一次是“乌台诗案”，他被陷害关押，在狱中遭到非人折磨，差点儿死去；一次是太皇太后高氏去世后，身陷政治漩涡的他，虽然一直设法明哲保身，但无法躲开政治对他的折腾，他被一贬再贬，直至被贬到荒凉的海南岛，职务也从正二品降到从八品，甚至是不拿薪酬的虚职。

对他来说，前方的路虽然太凄迷，可他总能战胜自我，能够在困境中找到人生的快乐，来驱散不断袭来的愁苦。顺境时，他没有失去自我；逆境时，他也没有落魄。他这种从容是一种超脱，一种智慧。

赤壁赋·中国画

图说

北宋大文豪苏轼写过两篇《赤壁赋》，后人称之为《前赤壁赋》和《后赤壁赋》，都是中国古代文学史上的千古名篇。

苏轼被贬为黄州（今湖北黄冈）团练副使的1082年秋冬，先后两次游览了黄州附近的赤壁，写下这两篇赋。

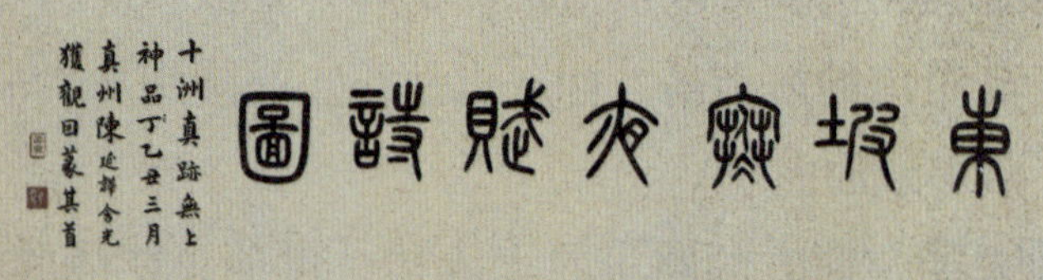

明·仇英《东坡寒夜赋诗图》

成语

羽扇纶巾

羽扇，羽毛扇；纶巾，配有丝带的头巾。古代名士的服饰。形容文人谋士风度儒雅，也指有军事才能的人。

千古风流

在《念奴娇·赤壁怀古》里，苏轼艺术地重现了当年赤壁大战的壮观景象，充分表达了对英雄周瑜的敬佩心情和对祖国壮丽河山无比热爱的情怀。当然，他在词中也总结了自己多年来的不幸遭遇，倾吐了自己苦闷的心声。1085年，宋神宗病逝，年仅10岁的哲宗即位，高太后摄

延伸思考

你还知道哪些关于苏轼的故事？

权听政。一贯反对王安石变法的高太后，重新任命司马光为宰相，因此，苏轼等反对新法的人物，陆续得到复用，苏轼东山再起，被召还朝廷。

元符三年（1100），24岁的宋哲宗去世，宋徽宗赵佶即位，他想调和新旧两党的关系。在苏轼被贬琼州三年多以后，被诏还朝。在还朝的途中，苏轼每到一处，都有大批的文人学士和无数的百姓夹道欢迎，想结识或是一睹这位文化巨匠、数朝名臣的风采。1101年，苏轼病逝于北归的途中，病逝时京口驿馆四周一片哭泣之声。

苏轼是诗、词、文、赋、书、画的全能文化巨匠，在中国文化史上，几乎无人能与他比肩；而在为人方面，他的正直、善良、坚韧，尤其是屡遭贬谪亦乐观豁达，为千古罕见。他的一生命运多舛，并非由于他命运不济或是不通事务，其根本原因在于他正而且直。

苏轼的诗、词、文、赋以及书法在中国文化史上有着

苏东坡侍妾王朝云墓

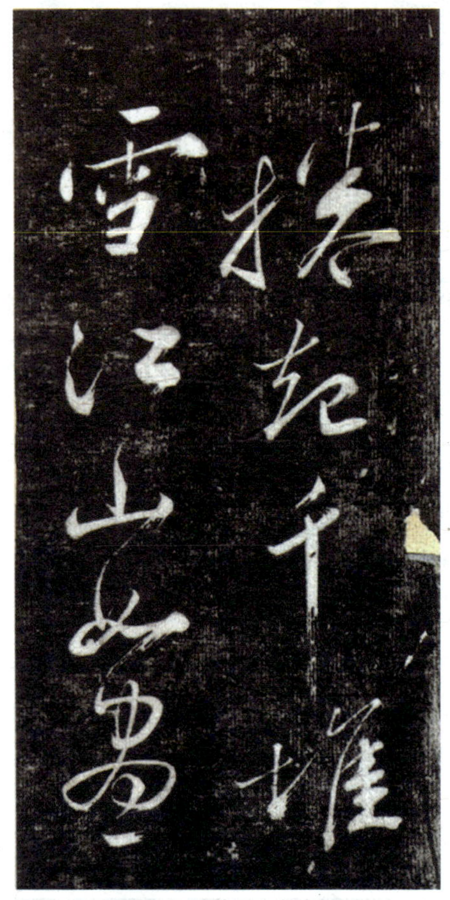

苏轼草书《赤壁怀古》局部

巨大的影响，他以超凡的情感来观照艰难生活的生命态度，也有非常重要的价值，至于不屈己阿人、不媚俗附贵的正大人格，在中国文化史上更是一直发挥着重大的影响。

苏母教子刚柔并济

苏轼有如此之高的成就，离不开他母亲的教导。《宋史·苏轼传》记载了这样一件事：苏轼十几岁的时候，苏父出外游学，苏夫人就给苏轼读《后汉书·范滂传》中的故事。讲到东汉时代的著名政治家范滂，他查办贪官污吏，铁面无私，结果遭到奸臣陷害，被判处极刑。上刑场前范滂与母亲诀别，说："母亲，我对不起您。今后只有靠弟弟尽孝心了，我就要跟随父亲去到九泉之下。生者和死者，都各得其所。只求您舍弃难以割断的恩情，不要增加悲伤。"他母亲深明大义，对他说："你今天能够与忠义之臣齐名，死有何恨！既已享有美名，又要盼望长寿富贵，岂能双全？我支持你为了理想舍弃生命。"

苏轼听完这个故事后沉默了一会儿，便站起身来，激动地说："母亲，倘若我也要做一个范滂这样的人，您同意吗？"

苏夫人很平静地说："你如果能做范滂，我难道不能做范滂的母亲吗？"这样的回答不仅是肯定了舍生取义的行为，更是身体力行地给了苏轼追求人生理想的强大支持。

延伸思考

你的母亲是什么样的人？说一说你和母亲之间最难忘的一件事。

苏夫人个性果敢坚毅又仁慈善良。苏轼家里的庭院种满了各式各样的花草树木，引得许多鸟雀都来这里栖息、筑巢。苏轼和小伙伴们看到这么多小鸟来家里，非常高兴。可是苏夫人却担心小孩子不懂事，会弄伤鸟雀，伤及幼雏，于是"下令"严禁小朋友捕鸟。如此一来，来这里安家筑巢的鸟儿自然越来越多，有些胆子大的鸟儿甚至把窝筑到了低矮的树枝上。苏轼兄弟和小伙伴们常常围在鸟窝边，逗弄可爱的小鸟，给它们喂食。苏轼后来那种宽厚、仁慈、博大的人格精神是同与自然生灵的玩耍中渐渐形成的不无关系。

诗文链接

念奴娇·赤壁怀古

宋·苏轼

故垒西边，人道是，三国周郎赤壁。
乱石穿空，惊涛拍岸，卷起千堆雪。
江山如画，一时多少豪杰。
遥想公瑾当年，小乔初嫁了，雄姿英发。
羽扇纶巾，谈笑间，樯橹灰飞烟灭。
故国神游，多情应笑我，早生华发。
人生如梦，一尊还酹江月。

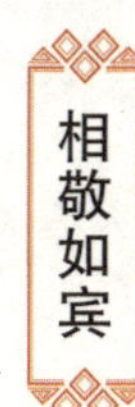

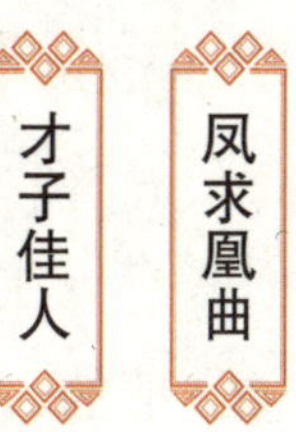

追求幸福的卓文君

司马相如和卓文君的隐居地——成都“琴台故径”

卓文君（前175—前121），原名文后，西汉时期蜀郡临邛（今四川省成都市邛崃市）人，汉代才女。中国古代四大才女之一、蜀中四大才女之一。卓文君为蜀郡临邛的冶铁巨商卓王孙之女，自幼精通音律，善弹琴，有文名。

少年寡居

在封建社会里，男女是不能在外人面前表现他们的爱情的，即使结了婚的人也不能例个。如果让别人看到了夫妻两个互相关心或亲昵的情景，人们就会看不惯地对他们指指点点。这样的情况，根本原因在于古代妇女地位低下，丈夫是不能对她们表现太多感情的，否则就会被人瞧不起，说他没出息。但是，情感是人类的天性，是压制不住的，任何时代都有敢于冲破束缚的女性，勇敢地去追求自己的幸福。卓文君就是这样一位大胆的女性。

卓文君是西汉武帝时富豪卓王孙最小的女儿，家在临邛（今四川邛崃）。卓王孙家里很有钱，光奴仆就有 800

凤求凰石刻

多人。卓文君生长在这样的家庭里，从小就学习了各种技艺；长大后不仅聪明美丽，而且琴、棋、书、画样样皆通，尤其善于鼓琴，很得卓王孙宠爱。可惜的是，卓文君刚出嫁不久，丈夫就死了，年仅17岁的她便开始守寡。卓文君从婆家回来后，一直住在娘家。在那个时代，守寡的女人是不能再嫁的。可是文君年轻貌美，心中充满了对爱情的渴望，也不愿意自己一辈子就这样孤单度过。在家无聊时，她会弹弹琴，看看一些文人的作品。当时一个叫司马相如的文人很有名，他写的赋连皇帝都喜欢。卓文君在看了他的一些作品后，心中暗暗喜欢上了他，可是一直没有机会相见。

正巧这时，司马相如来到了临邛。他和县令王吉的关系很好，因此卓王孙和当地另一个富豪程郑便打算设宴款待一下司马相如，商量后决定把宴会摆在卓王孙家。那一

司马相如与卓文君浮雕

四川临邛文君井

天，客人们都到了，可是司马相如却一直不见影踪。王吉不仅没有入席，反而跑着去请司马相如，本来推辞有病的司马相如这才过来。司马相如的魅力，令满座宾客都暗暗为之倾倒。大家正畅饮时，王吉站起来说，司马相如琴弹得很好，应该让他弹一曲助助酒兴。推辞一番后，司马相如才坐到琴前，弹了两曲。悠扬的琴声打动了一直在屏风后偷看的卓文君。原来她听说司马相如要来，便事先躲在了屏风后面。精通琴韵的卓文君听到司马相如的琴声，细细揣摩一番，明白了司马相如琴中的深意：原来他也喜欢卓文君。其实卓文君哪里知道，司马相如来到临邛后，早就听说卓王孙的新寡女儿美丽聪颖，已生爱慕之心。

《卓文君》（中国画）

图说

卓文君与汉代著名文人司马相如的一段爱情佳话至今被人津津乐道。她也有不少佳作，如《白头吟》，诗中“愿得一心人，白头不相离”堪称经典佳句。

为爱私奔

就是这样，两个人通过琴声已明白了对方的心意，只是都不敢确定而已。司马相如离开卓王孙家后，通过仆人向卓文君再次表达了情意。惊喜的卓文君兴奋之余，马上想到父亲也许不会同意这门亲事。可是好不容易遇见了个知音，她怎么能轻易放弃这次机会呢？于是文君做出了在

延伸思考

试着跟大家讲讲卓文君和司马相如的故事。

文君井浮雕

那个年代很是惊人的举动，她半夜里跑到司马相如的住处，两个人一起私奔到了成都。卓王孙又气又恼，当他得知司马相如家里很穷时，便恨恨地说："女儿太不争气了，我就是心疼她，也不会给她一个钱。"

过惯了富日子的卓文君在过了一段清贫的日子之后，有点受不了了。她对丈夫说："我们回临邛吧，即使爹爹不给我们钱，也可以向兄弟们借些来过日子，这样的生活太难了。"于是二人又回到了临邛，他们变卖了车马，开了一个小店。也许是故意气卓王孙，平时，卓文君出来招呼卖酒，司马相如穿着围裙当着众人的面洗盘子刷碗。他们的举动使卓王孙大丢面子，连大门也不好意思出。这时有人劝卓王孙："司马相如虽然没钱，但他有才学，有人品，肯定会有出头之日的，何况家里又不是没钱，何必这样呢？"卓王孙一来心疼女儿，二也是无可奈何，就分给卓文君100多名仆人，100万文钱。

后来，司马相如做了官，并且深得皇帝的喜爱与信任，没有辜负卓文君的欣赏。这时，卓王孙又对别人说，文君嫁给司马相如太迟了，应该早点让他们认识。据说，司马相如大富大贵之后，曾想纳妾，卓文君知道后，写了一首诗《白头吟》给丈夫，除了表白自己的爱情外，也坚决地表示：司马相如若要纳妾，就与他一刀两断。司马相如看到信很感动，便打消了纳妾的念头，与卓文君恩爱地过了一生，成就了一段佳话。卓文君对爱情的执着追求和对幸福的向往渴望令人钦佩。

成语

相敬如宾

宾，宾客。夫妻相互尊敬，像对待宾客一样。

琴挑文君

诗文链接

白头吟

汉 · 卓文君

皑如山上雪，皎若云间月。
闻君有两意，故来相决绝。
今日斗酒会，明旦沟水头。
躞蹀御沟上，沟水东西流。
凄凄复凄凄，嫁娶不须啼。
愿得一心人，白头不相离。
竹竿何袅袅，鱼尾何徙徙。
男儿重意气，何用钱刀为！

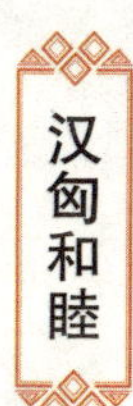

昭君出塞

昭君陵墓“青冢”

王昭君（约前52—约前15），名嫱，字昭君，乳名皓月，西汉南郡秭归人，今湖北省宜昌市兴山县人，西汉元帝时为和亲远嫁匈奴地区，与貂蝉、西施、杨玉环（杨贵妃）并称中国古代四大美女，是四大美女之一的落雁，晋朝时为避司马昭讳，又称“明妃”，即王明君。

美女出塞

尽管中国古代女子的地位非常低，但中国历史上却出现过许许多多的女才子、女英雄，她们各自以独特的面貌，为五千年的中华文明增加了许多生动、美丽的色彩。王昭君便是其中一个令人敬佩的爱国名人。

昭君抚琴

图说

昭君出塞后，汉匈两家一直保持了友好和睦关系，因此西汉末年的和亲是成功的。不但结束了匈奴多年的分裂和战乱，而且为中原王朝的大一统奠定了基础。此外，通过和亲加强了和亲双方的交流，促进了民族融合。

湖北兴山昭君故居

公元前34年，匈奴呼韩邪单于因为汉朝廷帮他杀了郅支单于，消灭了自己的一个敌对力量，非常感激，便亲自来到长安，朝见汉元帝。他对元帝说："我对汉王的尊敬，上天可以证明。您的威仪，我只能永远地仰视。如果您不嫌弃，我愿意做汉家的女婿，从此和汉朝世代友好下去。"

历史话剧《王昭君》剧照

汉元帝见匈奴诚心诚意地来求亲，便答应了他的要求，下命令在后宫里选一个宫女嫁到匈奴去。这时候，有一个宫女站了出来，说她愿意嫁给匈奴单于。这个人就是王昭君，她能歌善舞，人又漂亮，又有才，刚被选入皇宫不久，还没见到汉元帝。她想：和匈奴单于成亲，这可不只是她一个人的事，自己生活好不过是小事，汉朝和匈奴的友好才是大事。汉元帝命人教王昭君说匈奴话，给她讲匈奴的风俗习惯，还教她学习琵琶，王昭君学得非常认真，琵琶弹得连鸟儿都不舍得飞走。王昭君来到匈奴以后，把带来的先进的农业知识和生产技术传给了当地的人

昭君墓

图说

王昭君维护汉匈关系稳定半个世纪，昭君出塞的故事千古流传。

明红雕漆昭君出塞图方盘

民。她帮助呼韩邪单于改变匈奴以前单一的游牧生活方式，不再整日骑在马背上，到处游荡。从那以后，匈奴人发展起农业，学会使用中原先进的工具，使粮食有了保

昭君博物院

内蒙古自治区呼和浩特市昭君墓

障，生活也稳定了下来。王昭君还建议呼韩邪单于改革匈奴人的一些落后的风俗习惯，学习汉族的文化。在王昭君的大力帮助下，呼韩邪单于使匈奴族又繁荣起来，人口增多了，

元末明初青花昭君出塞大罐

牛羊也到处可见。呼韩邪单于非常喜欢王昭君，两人在一起生活得非常幸福。

汉匈和平

延伸思考

向大家讲讲王昭君的故事。

第二年，王昭君生了一个儿子，取名伊屠智伢师，长大以后被封为匈奴的右日逐王。匈奴有一个老风俗，新的单于要娶老单于的王妃为妻。就这样，当呼韩邪死后，王昭君又嫁给了新单于复株累若鞮，生了两个女儿。在匈奴时间长了，虽然过得很好，可王昭君还是很想家，她想回到家乡，再见一见父母兄弟。可是，作为匈奴单于的王妃，出塞以后，是不能再回家了。

王昭君经常梦到自己回到了家乡，和家乡人们一起唱

王昭君浮雕

中国邮政“昭君出塞”邮票

歌、生活。王昭君是个很爱国的女子，她经常派人送信回来，询问中原的情况，还送些特产给汉朝皇帝。当然，汉朝皇帝也不时送一些贵重物品给匈奴单于。双方一直是这样友好地往来，和平地生活，60年没有打过仗，其中有王昭君很大的功劳。临终前，王昭君告诉自己的后人一定要和汉朝友好相处，要他们在她死后，把她埋在归化（今内蒙古自治区呼和浩特市）郊外，坟墓一定要向南建造，好让她可以望着自己的故乡。

诗文链接

相和歌辞·王昭君

唐·骆宾王

敛容辞豹尾，缄恨度龙鳞。金钿明汉月，玉箸染胡尘。

古镜菱花暗，愁眉柳叶颦。唯有清笳曲，时闻芳树春。

少年强则国强

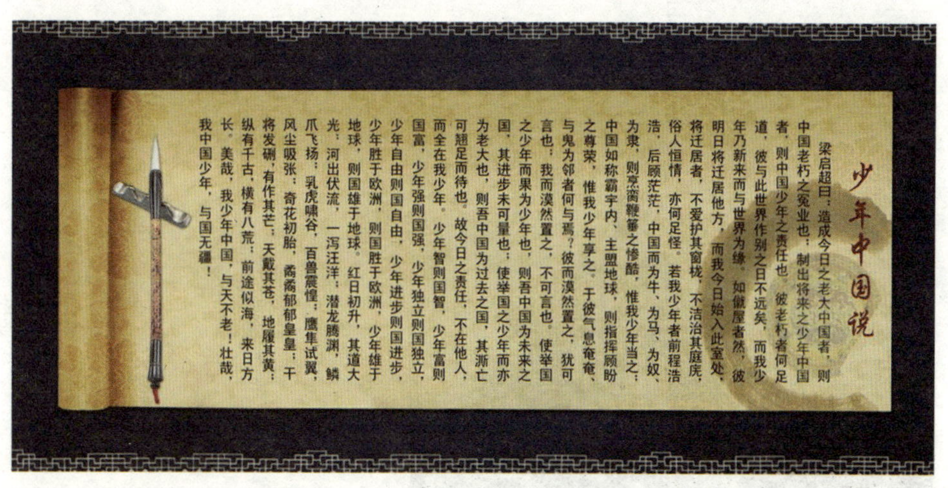
少年中国说

梁启超曰：造成今日之老大中国者，则中国老朽之冤业也；制出将来之少年中国者，则中国少年之责任也。彼老朽者何足道，彼与此世界作别之日不远矣，而我少年乃新来而与世界为缘。如僦屋者然，彼明日将迁居他方，而我今日始入此室处。将迁居者，不爱护其窗栊，不洁治其庭庑，俗人恒情，亦何足怪。若我少年者前程浩浩，后顾茫茫，中国而为牛、为马、为奴、为隶，则烹脔鞭箠之惨酷，惟我少年当之；中国如称霸宇内、主盟地球，则指挥顾盼之尊荣，惟我少年享之。于彼气息奄奄、与鬼为邻者何与焉？彼而漠然置之，犹可言也；我而漠然置之，不可言也。使举国之少年而果为少年也，则吾中国为未来之国，其进步未可量也；使举国之少年而亦为老大也，则吾中国为过去之国，其澌亡可翘足而待也。故今日之责任，不在他人，而全在我少年。少年智则国智，少年富则国富，少年强则国强，少年独立则国独立，少年自由则国自由，少年进步则国进步，少年胜于欧洲，则国胜于欧洲，少年雄于地球，则国雄于地球。红日初升，其道大光；河出伏流，一泻汪洋；潜龙腾渊，鳞爪飞扬；乳虎啸谷，百兽震惶；鹰隼试翼，风尘吸张；奇花初胎，矞矞郁郁皇皇；干将发硎，有作其芒；天戴其苍，地履其黄；纵有千古，横有八荒；前途似海，来日方长。美哉，我少年中国，与天不老！壮哉，我中国少年，与国无疆！

《少年中国说》全文

梁启超（1873—1929），字卓如，一字任甫，号任公，又号饮冰室主人、饮冰子、哀时客、中国之新民、自由斋主人。清朝光绪年间举人，中国近代思想家、政治家、教育家、史学家、文学家。戊戌变法（百日维新）领袖之一、中国近代维新派、新法家代表人物。

梁启超拜师

梁启超考中举人以后，他并不满足已取得的成就，还是继续努力学习，在广州的学海堂继续读书。在学海堂中，有一个同学名叫陈千秋，是南海县西樵乡人，与梁启超非常要好，而且他还是学堂里的高材生。一天，他从外面回来，非常兴奋地对梁启超说："梁兄，我听说南海康有为先生上书皇帝请求变法，没有得到皇帝的同意，现在他刚巧从京师回来，我正想前往拜见他，他的学问是我与你所想象不到的。如果我们现在能找到一位好老师，那就太好了。"

梁启超故居雕像

梁启超楷书作品

陈千秋见到梁启超还是一脸纳闷，就向他介绍了康有为的学问和思想。1888年，康有为在北京参加顺天乡试，他写了一封5000字的《上清帝书》，向光绪皇帝提出："强邻四逼于外，奸民蓄乱于内，一旦有变，其何以支？"他还警告皇帝，如果还是因循守旧，不变法图强，外国列强必然会进一步深入国土，像太平天国那样的起义就会再次发生。本来康有为在这次乡试中，已经考中举人，可是顽固派大臣徐桐认为，"像康有为这样轻狂的人，如果让他考中，今后必然会将朝廷搞得乌烟瘴气的。"于是抽去他的试卷，使康有为不幸落榜了。但这次上书却轰动整个北京官场，产生较大的社会影响，康有为也因此有了一定的声望。陈千秋还说，康有为还有许多异议和奇怪的论说，都是他闻所未闻的。这个消息大大地震动了求知欲

梁启超隶书作品

极为旺盛的梁启超，他急切地恳求陈千秋说：“陈兄，我也想见见这位康先生，你快带我去见见他吧。”陈千秋爽快地应允了。

见到康有为后，梁启超便正式拜康有为为师。陈千秋、梁启超二人还共同请求康有为开学馆，于是康有为便在广州长兴里成立了万木草堂。梁启超从此便结束了在学海堂的学习。

康有为中举是1893年的事，比梁启超中举晚四年，当1890年梁启超成为康有为的及门弟子，及1891年万木草堂创立时，康有为还没有中举呢。可见梁启超拜康有为为师，是举人拜秀才为师，这在历史上是罕见的。梁启超的确虚心好学，不计较康有为还只是个秀才，只要他有真才实学，能为己师，还是很愿意拜他为师的。

延伸思考

从梁启超拜康有为为师的故事中你能悟出什么道理？

上海会文堂书局1929年影印梁启超《饮冰室全集》

梁启超的趣味教育

梁启超生平信仰的是趣味主义。如果有人问他，你的人生观拿什么做根柢？他便会回答："拿趣味做根柢。我生平对于自己所做的事，总是做得津津有味，而且兴会淋漓，什么悲观咧，厌世咧，这种字眼儿，我所用的字典里头，可以说完全没有。我所做的事常常失败，但我不仅从成功里感到趣味，就是在失败里也会感到趣味。"

有一次，梁启超被邀请到南京东南大学作学术报告，当时他向学员作了题目为"教育家的自家田地"的演讲，进一步阐述教育这份职业的特别好处。他在演讲过程中，一开头就说：孔子屡次自白，说自己没有别的过人之处，不过是"学而不厌，诲人不倦"。他的门生赞叹道："我们这一点真的难做到啊。"梁启超剖析说："为什么你们做不到呢？因为学是不难，而要做到不厌却是不容易；诲人不

梁启超

图说

梁启超，幼年时从师学习，8岁学为文，9岁能缀千言，17岁中举。后从师于康有为，成为资产阶级改良派的宣传家。维新变法前，与康有为一起联合各省举人发动“公车上书”运动。此后，先后领导北京和上海的强学会，又与黄遵宪一起创办《时务报》，任长沙时务学堂的主讲，并著《变法通议》，为变法做宣传。

难，不倦却是很难的。厌倦是人生第一件罪恶，也是人生第一件苦痛。厌倦是一种想脱离活动的心理现象，换句话说，即不愿劳作。不愿劳作的念头一起，不仅减低了劳作的效率，还会生出无穷弊害，所以说它是罪恶。而从另一个方面看，不论是谁，总要靠劳作来维持自己的生命，不管你如何不愿意，劳作还是免不了。既免不了，又不愿意，天天皱着眉、哭着脸去做那不愿意做的苦工，岂不是活活的把自己关在第十八层地狱！所以说厌倦是人生第一件苦痛。”梁启超的演讲，引起学员的广泛兴趣，掌声在会堂里久久不能停息。

延伸思考

梁启超是个什么样的人？

第二天，他再为这些学员作题为“学问之趣味”的演

天津梁启超纪念馆

讲。他一开头又说："我是个主张趣味主义的人，倘若用化学分解'梁启超'这件东西，把里头所含一种元素名叫'趣味'的抽出来，只怕所剩下仅有个零了。"这句关于趣味的开场白，一下子激发了学员听讲的兴趣。

梁启超接着说：凡人必须常常生活于趣味之中，生活才有价值。若哭丧着脸，挨过几十年，那么生命便成为沙漠，要来何用？我觉得天下万事万物都有趣味，只嫌每天24小时不能扩充到48小时，不够我享用。我忙什么？忙的是我的趣味。"我以为这便是人生最合理的生活。"梁启超对趣味的经典阐述，引起学生的广泛关注，这种趣味的学习方法，对我们现代人也同样具有重要的启迪意义。

梁启超妙对张之洞

话说梁启超去武汉讲学，礼节性地去拜访时任湖广总督的张之洞。

当时，张之洞还真有点儿看不起梁启超，总想难为他，便傲慢地出了个上联：四水江第一，四时夏第二，老

梁启超的孩子们

夫居江夏，谁是第一谁是第二？这个上联出得十分巧妙，江河湖海四水中江是排第一，春夏秋冬中夏是列第二，江夏是指武汉，谁是第一第二，分明是说我才是老大嘛。

但梁启超不愧为一代大儒，略一思索，口占一联：三教儒在前，三才人在后，小子本儒人，岂敢在前岂敢在后？真乃绝对，十分工整，不卑不亢。三教是指儒、佛、道，三才是说天、地、人，我不在你前，也不在你后，与你平起平坐嘛。张之洞一看，厉害，算是我服了你，从此就改变了对梁启超的看法，还奉梁启超为上宾。

诗文链接

纪事二十四首·其一

近代·梁启超

人天去住两无期，啼鴂年芳每自疑。

多少壮怀偿未了，又添遗憾到蛾眉。

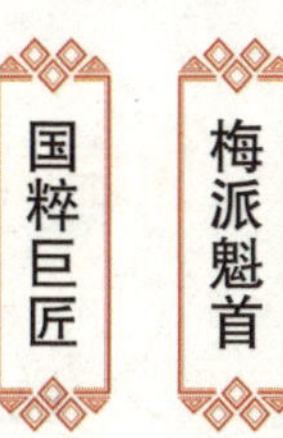

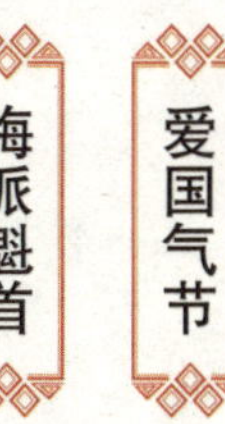

京剧大师梅兰芳

梅兰芳雕像

梅兰芳（1894—1961），清光绪二十年（1894）出生于北京，祖籍江苏泰州。梅兰芳是中国京剧表演艺术大师，在50余年的舞台生活中，发展和提高了京剧旦角的演唱和表演艺术，形成了具有独特风格的艺术流派，世称

"梅派"。其代表作有《贵妃醉酒》《天女散花》《宇宙锋》《打渔杀家》等，并先后培养、教授学生100多人。

京剧名伶

说到中国的国粹，我们首先想到的就是京剧，而京剧艺术家中首屈一指的就是梅兰芳先生。在西方人眼里，梅兰芳先生就是京剧的代名词。在中国人眼里，他也是当之无愧的京剧大师。

和许多知名人物一样，梅兰芳先生之所以闻名，不仅仅是因为他高超的艺术造诣，还因为他传奇的人生经历。

1937年，日军攻占上海。日本人得知京剧界第一名旦梅兰芳在沪，就派汉奸请梅兰芳先生到电台讲话，让他表示愿意为日本的"王道乐土"服务。但梅兰芳不愿与其

北京市万花山梅兰芳墓

北京市梅兰芳纪念馆

图说

梅兰芳纪念馆位于北京市西城区护国寺街9号，占地面积716平方米。1961年梅兰芳逝世前，曾在这幽静、安适的四合院内，度过了他人生的最后10年。此院原为清末庆亲王府的一部分，后经过修缮，梅兰芳搬到这里居住。梅兰芳逝世后，周恩来总理提议将这里建为梅兰芳纪念馆。

同流合污，于是他借故外出演出，带着家眷星夜赶往香港。后来日军又侵占香港。面对日本人的威胁，梅兰芳坚持拒绝登台演出。为此，他蓄须明志，祖国山河一日不光复，梅兰芳一日不登台。直到日本战败，梅兰芳先生一直赋闲在家，果真没有为日本人演出过一场戏。

关于梅兰芳先生的民族气节，当时还有这么一个故事。在日本人统治上海的那段日子里，由于缺少经济来源，梅先生一家生活拮据。为了维持生计，梅先生不得不出卖自己的画作。市民们看到是梅兰芳的画，都争先抢购。

成语

深明大义

大义，大道理。深切地明白为人处世的大道理。多形容人能识大体，顾大局。

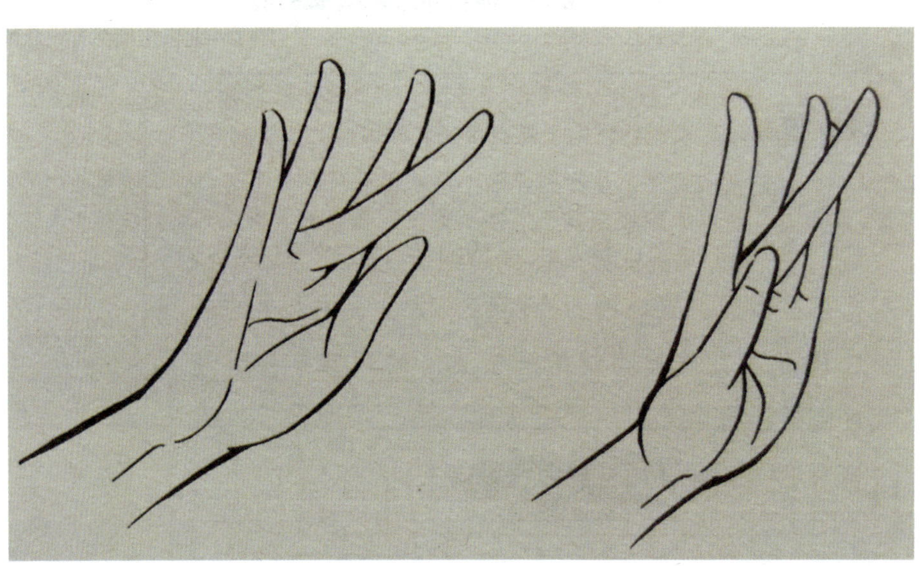

京剧兰花指手型

图说

兰花指，现通常指大拇指和中指捏合、其余三指展开的手势。作为中国舞蹈以及戏曲中特有的一种基本手型，有着独特的传统审美特征，具有中国人特有的审美取向和文化心理趋向。

为“偷花人”修路

梅兰芳酷爱花卉，在院子里养了很多花，有雪里红梅、傲霜秋菊、花王牡丹、花相芍药等传统名花，还有牵牛花等普通的花。为了让花开得更大更艳丽，梅兰芳专门买了很多书，苦心研究，终于换来了百花竞放、芳香馥郁的景象。

随着梅兰芳养花的名气越来越大，开始有人觊觎院子里的名花，时不时就会有几盆花莫名其妙地丢失。接二连三地丢过几次花后，梅兰芳便悄悄观察起来。后来，他在院子的后墙外发现了几个脚印，偷花人正是从此处越墙而入的。

延伸思考

你听过京剧中的哪些唱段？试着跟大家分享一下。

梅兰芳故居

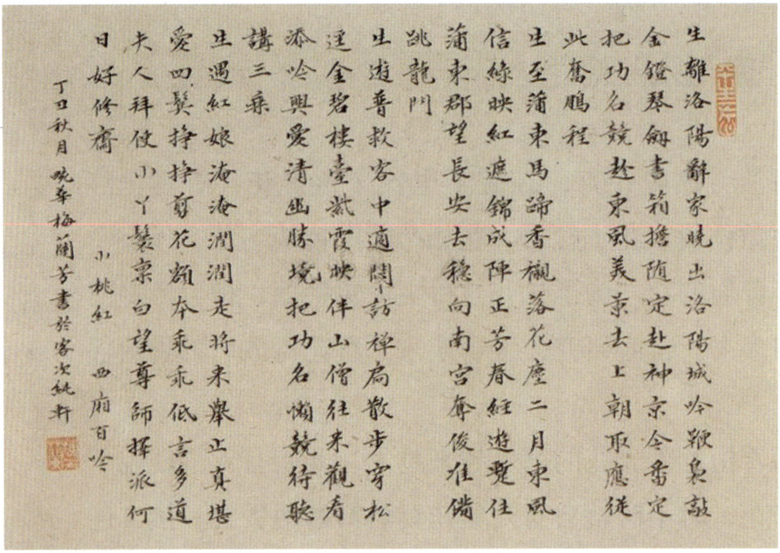

梅兰芳楷书作品

梅兰芳的朋友知道后提议："可以把后墙加高，再往墙头撒点碎玻璃，这样就能杜绝丢花的现象了。"梅兰芳听完并没有说话，只是在院子外面转了一圈，然后吩咐家人去请泥瓦匠并购买材料。

就在朋友忙着提议加几层砖，用多少料时，梅兰芳却带着泥瓦匠走到了后墙外面的土路上。"你要修路?"朋友难以置信地问。"是呀，你看这条路坑坑洼洼，要是有人从墙上跳下来很容易崴到脚的。"梅兰芳忧心忡忡地说，"还有这个水坑，积水太深了，很危险，一定要填上。"朋友疑惑地问："难道你不痛恨那些偷花人吗?"梅兰芳微微一笑，平静地说："说实话，看到精心培育的花儿被偷，我也很生气。但是我不能眼睁睁地看着他们因此而崴了脚，或者掉进水坑，他们也是人，有平安生存的权利呀！”听了梅兰芳的话，朋友低下了头，对他更加敬重起来。

《梅兰芳舞台艺术》邮票

图说

梅兰芳8岁学戏，9岁拜吴菱仙为师学青衣，10岁登台。后又求教于秦稚芬和胡二庚学花旦；1915年4月至1916年9月，新排演了《宦海潮》《牢狱鸳鸯》《思凡》等11出戏；于1949年前先后赴日本、美国、苏联演出，并荣获美国波莫纳学院和南加州大学的荣誉文学博士学位；1950年任中国京剧院院长，1951年任中国戏曲研究院院长，1953年任中国戏剧家协会副主席，1959年加入中国共产党；1961年8月8日，梅兰芳因病在北京病逝，享年67岁。

成语

德才兼备

兼备，同时具备。品德好，同时又有才能。

取兰梅置几上三首

近代·梅兰芳

崇兰梅蘂竝时芳，更得春风为发扬。
还似高人有常德，年年只作旧时香。

中华武功
——不只是个传说

中国古代兵器

中国文化拥有五千年的辉煌历史，创造了无数灿烂的文明。中国武术，就是优秀传统文化中的重要组成部分。中国武术起源于先秦时期，经过历代不断发展，终于形成了独具中国特色的“武文化”。而在武术发展的过程中，涌现出一大批优秀的武术家。正是在他们的带动下，中国武术的发展才取得了长足的进步。他们的故事，也在民间广为流传。

唐赛儿——掌退官差

唐赛儿是明朝初期青州农民起义军的女首领，生于武术世家，其父唐义武功非凡。因家境贫寒，唐赛儿一家靠卖艺为生。在长期的卖艺生涯中，赛儿跟随父亲学习了各种拳术、器械、擒拿术、点穴术及“铁砂掌”等硬气功，同时兼学兵法。由于唐赛儿天资聪慧，加上勤学苦练，不到15岁就武艺超群了。

1419年寒冬的一天，大雪纷飞，一辆护送青州知县献给皇帝的贡品——“九龙御石”的大车奔向蒲台县的蒲关桥。车上桥时因地上结冰路滑，拉车的马一下子滑倒

1983年出版的连环画《唐赛儿》封面

二指禅

图说

二指禅是一种鲜为人知的秘传功法，指通过一定形式的持久锻炼，把全身的气与力集中到中食二指，以达到强身御敌的一种锻炼方法。二指禅集防身、强身、祛病延年于一炉。它是由练意、练气、练力等几个方面组成，强调在息守入静的前提下，采取连贯圆活的动作与呼吸相配合，促使肌肉筋骨的强健。功成后，手指坚硬如铁，出指无形无迹，诚乃自卫防身之绝技，克敌制胜之法宝，故被誉为“绝世奇功”“武林秘招”。

了，大车从桥上的拱坡向下滑去，眼看车尾将偏离方向，翻到桥下。押解车辆的官差大怒，一脚把一个推车的农夫踹入车下当车垫用。在这千钧一发之际，一个青年车夫迅速跑到车尾，用肩一扛，使大车斜向一边而倾翻，“轰”的一声，撞到了桥头的大石狮上，“九龙御石”也摔成两半，而民夫被救了出来。这时押解官差气急败坏，举起钢刀向青年砍去。说来话巧，恰好唐赛儿策马路过此地，见此险情，便俯身随手抓起一把雪，扬手向押解官差掷去。只听“呀”的一声大叫，众人见押解官差用手紧捂双眼。原来在唐赛儿抓雪到手的一刹那已将雪握成了坚实的雪球，正中押解官差的两眼，打得他两眼直冒金星。唐赛儿随即翻身下马，还未等押解官差睁眼已一个跃步站在押解官差面前。当官差看到用雪球打自己的人竟然是个婷婷女子，好不气恼，没想到堂堂一个押解官差竟被一个女子所戏弄，扬起刀来向她砍去。唐赛儿未待钢刀落下，已飞脚将他踢个仰面朝天，刀也飞落在桥边。押解官差倒有些功

唐赛儿雕像

夫，一个鲤鱼打挺，站起身来，又一个跨步欲取钢刀再逞凶。而未等他拾刀在手，唐赛儿已经脚踩刀身，冷笑一声："还不滚，想找死！"押解官差见状向差役大吼："快给我抓住她！"唐赛儿指着石栏杆对围住她的差役说："看你们的脖子硬还是石栏杆硬！"话声刚落，她便使出"铁砂掌"向石栏杆击去，只听"咔嚓"一声，石栏杆断为两截，同时她又用脚将钢刀挑起，右手接住钢刀一个弓步藏刀式，等着众差役上来送死。差役们见此情景吓得面如土色，慌忙逃窜。青年和民夫们感激唐赛儿的救命大恩，唐赛儿微微一笑："杀贪官整污吏，是我应该做的，你们赶紧躲避一时吧！"说罢便飞身上马，扬鞭而去。

戚继光创编《拳经》

武术，在其古代漫长的发展演变过程中，多数是靠经

戚继光雕像

2008年纪念邮票《古代名将戚继光》

验，口传身教，代代相传的。到了明代末年，以民族英雄戚继光为代表人物，总结整理前人遗留下的习武经验，编书造册，开创了用文字和图像来记载武术内容、传播和发展中华武术的先河。

戚继光是我国明代有名的抗倭民族英雄。他在童年时，就受到父亲的严格教诲，接受了严格的武术训练和文化教育，小小年纪的他就已是抱负满胸，立志长大后做为国为民的大事。

所以，戚继光从小做事非常认真，一丝不苟。一次，武术教师指出他踢腿的动作不对。戚继光夜不能眠，当天深夜就爬起床，补练腿功，按照武术教师的要求，一遍遍

山东蓬莱戚继光故里

地练习，直到满意为止。又有一次，为了改进一套拳术，他到百里外的一个深山寺庙里，向一位老和尚求教，当面

太极拳雕像

太极剑

图说

太极剑是太极拳运动的一个重要内容，兼有太极拳和剑术两种风格特点。太极剑也是太极中的短兵器之一，其代表是京朝派杨门太极剑。

倾听教诲，虚心求学，使得自己的拳术更加精进。由于戚继光虚心好学，刻苦认真，他的武功造诣日渐深厚，不仅精通拳术，对枪、棍、箭等器械也运用自如。他依然不满足，虚心向武术名家唐顺之、抗倭大将俞大猷求教枪法、棍法。终于，一杆大枪在他手中运用得上下翻飞，达到了炉火纯青的地步。

当戚继光担任参将率兵镇守我国南方沿海地区时，发现明朝军队士兵的军事素质很低，无法有效地抗击倭寇的侵扰。他为了训练士兵，提高军队的战斗力，遂产生了编写武术图书来指导军事训练的想法。

于是，戚继光开始总结自己所精通的拳术，从实战出发，又对民间著名的十六家拳法做了仔细、全面的研究，并通过自己反复演练、比较，最后集各名家拳术的精华，编写了《三十二式图诀》，称作《拳经三十二式》（以下简称《拳经》）。

《拳经》一书一经问世，就受到了军队士兵的欢迎，士兵根据《拳经》上三十二式的图诀，很快就掌握了杀敌立功的本领。从此，《拳经》由军队传到民间，成了越来越多习武者必读的书。

《拳经三十二式》

功夫之王李小龙

“功夫之王”李小龙，可谓家喻户晓。作为现代武术界的一名传奇式人物，他以自己精湛的武功和出色的影片表演，引起了世界人民的瞩目，掀起了中国功夫的热潮。

祖籍广东的李小龙，出生在美国，在香港度过了他的童年和少年时代。他从6岁起开始习练武术，先学习咏春拳，又习练南派洪拳、白鹤拳等，练就了扎实的功底。当李小龙18岁在美国华盛顿大学哲学系学习时，就因擅长中国功夫而名震校园。

延伸思考

你还知道哪些功夫明星？

那时，李小龙在哲学系里组织了一个中国功夫表演队，大家在一起练武，闲暇时为大学生们表演助兴，受到了各国学生的欢迎。但有一个叫山本的日本留学生，自以为自己是空手道高手，看不起李小龙他们所表演的中国功夫，常常借机捣乱。在忍无可忍的情况下，李小龙决心让这个山本尝尝中国功夫的厉害。于是，两人约好于一个寂静的下午，在校园里进行较量。

那天，两人交手，山本就欲凭着自己的壮实和灵活多变的攻势击败李小龙。而李小龙则采用中国的后发制人战术，先避其锋芒，以灵活多变的步法与山本周旋，同时查探山本的虚实、拳术的路数。时间不长，李小龙就瞅准一个机会，抓住山本的破绽，用左直拳虚晃一招，紧接一个有力的转身鞭拳将山本击倒。当山本爬起来又继续反扑时，李小龙佯装后退，虚晃两招后，突然一个侧踹腿直奔山本的胸口，猝不及防的山本又被击倒在地，此时羞愧难当的山本自知技逊一筹，只得俯首认输。

电影《死亡游戏》剧照

图说

李小龙（1940—1973），原名李振藩，师承叶问，出生于美国加州旧金山，祖籍中国广东顺德均安镇，世界武道变革先驱者、武术技击家、武术哲学家、MMA之父、武术宗师、功夫片的开创者和截拳道创始人、华人武打电影演员，中国功夫首位全球推广者、好莱坞首位华人主角。他在香港的4部电影3次打破多项纪录，其中《猛龙过江》打破了亚洲电影票房记录，与好莱坞合作的《龙争虎斗》全球总票房达2.3亿美元。

李小龙大学毕业后，在美国开了一家武馆，传授中国功夫。同时，他自己仍坚持不懈地苦练功夫。在这期间，他根据自己的技击格斗体会，参考中国武术各拳种，以及柔道、空手道、泰拳，还有拳击的长处，自创了以速度、劲力、进攻为主的具有高度灵活性的“截拳道”。截拳道一经创立，便经受了各种各样的考验，无论是日本的空手道

位于美国西雅图的李小龙父子墓

大师，韩国的跆拳道名家，还是泰国的泰拳高手都曾败在李小龙的截拳道下，尤其是李小龙的连环腿绝技更是威震国际武坛。日本人称李小龙为“武之圣者”，美国人则称他为“功夫之王”，而“功夫李”则成了他的代名词。

侠客行（节选）

唐 · 李白

赵客缦胡缨，吴钩霜雪明。
银鞍照白马，飒沓如流星。
十步杀一人，千里不留行。
事了拂衣去，深藏身与名。